PÈLERINAGE D'ASSISE

EN 1868

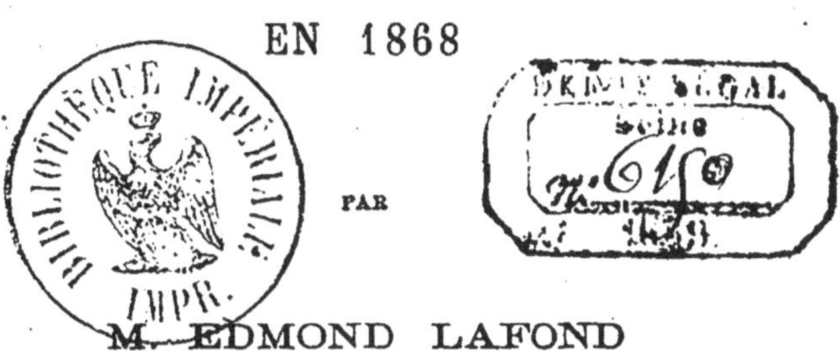

PAR

M. EDMOND LAFOND

EXTRAIT DU CONTEMPORAIN, REVUE D'ÉCONOMIE CHRÉTIENNE

LIVRAISONS DE MARS, AVRIL ET MAI 1869.

PARIS

IMPRIMERIE ADRIEN LE CLERE

RUE CASSETTE, 29.

—

1869

LE PÈLERINAGE D'ASSISE

EN 1868

I.

Le pays de saint François.

> Au front des Apennins, au cœur de l'Italie,
> Fleurit sous un ciel pur le doux pays d'Ombrie.
> Les chênes verts, les pins aux agrestes senteurs,
> D'un ombrage éternel couronnent ses hauteurs,
> Et plus bas, reliant les monts à la prairie,
> Au paisible olivier la vigne se marie.
> Là peignit Giotto, là vécut Pérugin ;
> Là grandit Raphaël, fier archange d'Urbin.
> Mais parmi ses joyaux, cette terre promise
> N'en a point de semblable à sa cité d'Assise,
> Perle dont la beauté, dont l'éclat immortel
> Attire les regards de la terre et du ciel.
>
> (Comte de Ségur, *le Poème de S. François.*)

« Jusque dans les montagnes d'Ombrie, j'entendais les gens des campagnes, les pâtres attardés le soir, s'appeler, se répondre et se reconnaître aux cris de : Vive Pie IX ! » Depuis que Frédéric Ozanam écrivait ceci, que l'Italie est changée !

Aujourd'hui, même dans ce calme pays d'Ombrie, on n'ose plus crier que : Vive Garibaldi ! ses portraits tapissent les murs de toutes les auberges, et quand le pèlerin arrive à la gare d'Assise, le premier objet qui frappe ses regards, dans la salle d'attente, c'est une cheminée en marbre blanc sur la frise de laquelle un ciseau italianissime a sculpté le grotesque héros, étendant sa jambe blessée sur le rocher d'Aspromonte. Voilà donc à quoi l'Italie emploie aujourd'hui ses marbres et ses artistes !

Une des tristesses de notre dernier voyage en Italie a été de

LE
PÈLERINAGE D'ASSISE

EN 1868

K

PARIS. — IMPRIMERIE ADRIEN LE CLERE, RUE CASSETTE, 29.

trouver partout les couvents confisqués. Après avoir vu à Bologne
les Dominicains expulsés de la garde du tombeau de saint Dominique, nous allions voir ce qu'on avait fait à Assise des Franciscains,
au tombeau même de saint François et de sainte Claire.

Le chemin de fer va trop vite, et l'on se prend à regretter l'antique *vetturino* qui vous faisait traverser lentement ce doux pays
de l'Ombrie si vert, si gracieux, si bien cultivé dans ses vallées, et
si boisé sur ses coteaux que son nom vient de *umbra*. Mais l'Ombrie
et le reste de l'Italie seront bientôt déboisés ; au lieu de charbon
de terre, les chemins de fer italiens brûlent du bois, et ils en font
une effroyable consommation.

Nous longeons, au soleil couchant, le fameux lac de Trasimènes,
où Annibal fit subir aux Romains une si célèbre défaite. On l'appelle maintenant le lac de Pérouse. Saint François d'Assise passa
tout un carême, seul et jeûnant à l'imitation du Sauveur, dans une
île de ce lac, l'*Isola maggiore,* où on a bâti, en souvenir, un couvent d'Observantins, qui sans doute ont été chassés, comme les
autres religieux en Italie. Entre Cortone et le lac, était naguère la
douane romaine. Il faut maintenant entrer, sans s'arrêter, dans
cette contrée pontificale si mal acquise par le Piémont. Saluons
sur sa montagne la vieille ville étrusque de Pérouse, que Totila ne
put prendre qu'après un siége de sept ans. C'est Charlemagne qui
mit Pérouse sous le joug de la papauté, *jugum meum suave*,
comme disait la devise de Léon X. Mais de toutes parts n'a-t-on
pas cherché à défaire l'œuvre de Charlemagne en Italie?

Nous visitons la triste Pérouse, comme l'appelle Dante (1); ses
églises sont dépeuplées, ses couvents déserts; il n'y a de vivants
que les tableaux du Pérugin. En reprenant le chemin de fer, je
faillis manquer le convoi d'Assise, parce qu'en prenant mon billet
à la gare, l'employé, selon l'usage italien, refusa de me rendre de
la monnaie sur cet affreux papier dont on est obligé de se servir (2).
Il faut avoir le prix de sa place tout prêt, sinon vous ne partez
pas, et cela me serait arrivé sans l'obligeance d'un jeune Ecossais,
qui me changea un de mes petits papiers de dix francs. Je ne pus
m'empêcher d'apostropher l'employé et de lui crier : « *Qual bene-*

---

(1) Perugia dolente. (*Parad.* iv, 75.)

(2) Il n'y a plus ni or ni argent en Italie : le cuivre lui-même a disparu. On est
revenu à l'âge d'innocence. On se sert principalement d'un petit papier-monnaie représentant 10 francs. D'un côté est gravée la figure de Christophe Colomb, de l'autre
celle de Camille de Cavour; pourquoi cette accolade? serait-ce parce que, si l'un
a découvert l'Amérique, l'autre a inventé l'Italie-Une?

detto paese ! Qual regno di carta ! Quel béni pays ! Quel royaume de papier ! N'étiez-vous pas plus heureux sous le gouvernement du pape ? »

L'employé ne trouva rien à répondre, et tous les voyageurs applaudirent en riant à mon indignation. Ce beau pays d'Ombrie est célèbre par ses saints, ses artistes et ses grands hommes, mais saint François sera toujours sa gloire et son auréole.

Il y a quelque trente ans, un écrivain fort connu dans les lettres et dans les arts, M. Delécluze, raconte ingénûment que, malgré les études préliminaires auxquelles il s'était livré avant de partir pour l'Italie, il se trouva fort en défaut lorsqu'il traversa l'Ombrie, Mais laissons-le parler : « J'eus alors le regret de ne pas avoir pris plus de renseignements sur cette contrée. Mais de tous les grands souvenirs qui s'y rattachent, celui sur lequel je me trouvai le plus neuf, fut le nom de saint François d'Assise. Dans toute l'Italie, et particulièrement dans l'Ombrie, l'admiration respectueuse qu'ins- pire la mémoire de cet homme est aussi vive aujourd'hui qu'elle le fut au moment de sa mort; là, les monuments, les lieux et les hommes; tout parle de lui. Déjà, en approchant de Pérouse, le voiturin qui me conduisait, disposé, je ne sais par quel sentiment intérieur, à prendre l'habit de Frère Mineur, m'exprimait dans son langage grossier sa dévotion à saint François. Tout en disant son rosaire à la chute du jour, pendant que nous voyagions, mon con- ducteur s'interrompait pour célébrer les vertus et raconter les miracles de *l'homme de Dieu*. Honteux de mon ignorance, je solli- citai la complaisance de cet homme pour me rendre, dans la ville où nous allions arriver, le service qu'il m'avait rendu dans celles que nous laissions derrière nous ; et en effet, sitôt qu'il eut pris le soin de me trouver un bon gîte à Pérouse, il parcourut la ville et ne revint à mon auberge qu'avec trois ou quatre volumes qu'il mit à ma disposition. Il n'y était question que de saint François, de sa vie, de sa règle et du couvent de *Sainte-Assise* (1). »

Aujourd'hui il n'est plus guère de voyageurs, je ne dis pas de pèlerins, qui n'aient quelque idée de la vie de saint François; mais laissez-moi vous en rappeler les gracieux commencements.

Un riche marchand d'étoffes d'Assise, Pierre Bernardone, entre- tenait un grand commerce avec la France et y faisait de fréquents voyages. Un jour, en 1182, qu'il revenait de Paris, il eut une

____

(1) Le savant voyageur prend Assise pour une sainte, comme le singe prenait le Pirée pour un homme.

grande joie en apprenant que sa femme Picca (1) venait de lui
donner un fils ; la mère l'avait déjà nommé Jean, le père lui donna
le surnom de *Francesco*, c'est-à-dire de *Français* (2), en souvenir
du pays où il venait de s'enrichir. « L'obscur vendeur de draps,
remarque Ozanam, était loin de penser que ce nom de son invention serait invoqué par l'Eglise et porté par des rois. » D'autres
historiens disent que Bernardone ne donna ce nom à son fils que
plus tard, à cause de sa facilité à parler notre langue et de la res-
semblance qu'il avait avec les Français, par sa vivacité, sa grâce
et sa franchise (3). Il apprit le latin non moins facilement
que le français ; plus tard, il ne parla si souvent de son ignorance
que par humilité. Associé au commerce de son père, riche et gé-
néreux, il devint le chef de la jeunesse d'Assise ; brave jusqu'à la
témérité, libéral jusqu'à la prodigalité, François, dans sa jeunesse,
semblait avoir pris, avec son nom, la plupart des qualités et des
défauts du génie français, que Dante, son contemporain, tance si
vertement en disant à Virgile, au chant xxix de l'*Enfer* : « Fut-il
jamais une nation plus vaine que la nation siennoise ? Non certes,
pas même la nation française. »

> Ed io dissi al poeta : or fut giammai
> Gente si vana come la Sanese?
> Certo non la Francesca si d'assai.

Dès cette époque, le français était une des langues les plus ré-
pandues de l'Europe (4). Le fils de Bernardone parlait donc notre
idiome avec ses frères ; il faisait retentir de cantiques français les
forêts d'Assise. Dans les premiers temps de sa pénitence, on le
voit mendier en français sur les marches de Saint-Pierre de Rome,

---

(1) La mère de S. François était de la noble famille de Bourlemont en Provence,
dont les archives conservaient le contrat de mariage entre elle et Bernardone de
Moricone, au temps du P. Claude Frassin, qui affirme l'avoir vu, en son commentaire
de la règle du tiers-ordre publié en 1703.

(2) En vieux gaulois et en italien, François et Français étaient synonymes ; ainsi
on disait de François Ier qu'il portait le même nom que son peuple. *Johannes
prius vocatus est a matre ; a patre vero tunc redeunte a Francia, Franciscus post-
modum nominatus.* (*Vita S. Francisci*, I, 1.)

(3) Vere Franciscus, quia super omnes cor francum et nobile gessit.
(Thomas de Celano, son premier historien.)

(4) Brunetto Latini, le maître de Dante qui le rencontre dans son voyage mystique,
a écrit en français un livre curieux qu'il appela le *Trésor*. Il dit dans sa préface :
« Et si d'aucuns demande porquoy chis'livre est écrit en romans, selon le patois
de France, puisque nous somes Italiens, je diroé que c'est pour deux raisons :
l'une est porceque nous somes en France, l'autre si est porceque françois est plus
iletaubles langages et plus communs que moult d'autres. »

et lorsqu'il se fit maçon pour aider à reconstruire l'église de Saint-Damien, il s'adressait en français aux habitants et aux passants, pour les inviter à relever la maison de Dieu (1). « S'il empruntait l'idiome de nos pères, dit Ozanam, s'il se nourrissait de leur poésie, il y trouvait des sentiments de courtoisie et de générosité qui passaient dans son cœur et dans sa conduite. » Comme sainte Thérèse, saint François avait aimé les romans de chevalerie : ces livres n'avaient pas d'aventures qu'il n'eût rêvées (2). Quand il fonda sa milice des Frères-Mineurs, il voulut en faire la chevalerie errante de la charité, instituée aussi bien que l'autre pour le redressement des torts et la défense des faibles. Cette comparaison lui plaisait, et quand il voulait louer ceux de ses disciples qu'il préférait : « Ce sont là, disait-il, mes paladins de la Table-Ronde. » Comme tout bon chevalier (3), il devait prendre une *dame de ses pensées ;* il choisit plus tard madame la Pauvreté, qu'il prit pour épouse. François aimait la musique et la poésie, il était troubadour aussi bien que chevalier ; il s'en allait chantant ses délicieux cantiques, errant et pauvre comme Homère et Dante. Il chérissait sa patrie ; dans sa jeunesse, il combattit avec ses compatriotes contre les Gibelins de Pérouse, et supporta, avec une gaieté toute française, les ennuis d'un an de captivité. Au sortir de prison, Dieu lui envoya une longue maladie et des songes prophétiques. Dès qu'il fut guéri, il réunit ses compagnons de plaisir dans un festin qui devait être le dernier. Après le repas, comme ils allaient riant et devisant dans les rues d'Assise, François tomba dans une profonde rêverie et une sorte

(1) Eleemosynam gallice postulabat, quia libenter lingua gallica loquebatur... gallice cantans... (*Vita.*)

(2) Il eut le projet d'aller soutenir, dans sa lutte contre l'empereur, Gauthier de Brienne, qui avait épousé la fille de Tancrède, roi de Sicile.

(3) On l'appelait le chevalier d'Assise, et un franciscain espagnol, Gabriel de Mata, a composé un poëme intitulé : *El caballero Asisio, en el nacimiento, vida y muerte del serafico padre san Francisco* . « Qui n'a lu le *Cid* de Guillem de Castro ? Ce n'est plus le héros de Corneille, taillé à la stoïcienne et sacrifiant une fois pour toutes son amour à son devoir ; c'est une âme qui à chaque instant déborde d'héroïsme, est enivrée de combats et de gloire. Partout des coups d'épée, partout de l'audace, partout de l'enthousiasme, ce délire de la vaillance ; le lecteur peut à peine respirer au milieu de cette explosion de fierté et de grandeur. Saint François est parmi les saints ce que le *Cid* de Guillem de Castro est parmi les chevaliers. Ses vertus ont je ne sais quel caractère lyrique qui les met dans un rang à part. Sa vie est un hymne en action. Sa sainteté va parfois jusqu'à ce terme extrême où elle effleure, sans les dépasser, les limites de la raison trop étroites pour elle. » (F. Morin, *Saint François et les Franciscains.*)

Après avoir fondé ses trois ordres, François se rendit à la croisade comme il l'avait rêvé dans sa jeunesse ; il rejoignit l'armée chrétienne devant Damiette, et défia les prêtres de Mahomet en présence du soudan d'Egypte.

d'anéantissement. Ses compagnons lui dirent en riant: « Où avais-tu l'esprit, François? Songerais-tu à prendre femme?

— Oui, répondit-il d'une voix grave, je veux prendre une épouse, mais si noble et si belle, qu'il n'y en aura point de semblable au monde! »

Il voulait parler de la sainte Pauvreté dont Dieu venait de lui révéler tous les attraits (1). De ce jour, il se retirait souvent pour prier dans une grotte voisine d'Assise, et donnait tout ce qu'il avait aux pauvres. En l'absence de son père dont l'avarice condamnait sa générosité, il faisait apporter à l'heure des repas une grande quantité de pains, et comme sa pieuse mère lui demandait, étonnée, pour qui toutes ces provisions : « C'est, répondait-il avec une expression angélique, pour les pauvres, que je porte tous dans mon cœur. »

Une nuit, il vit en songe une grande salle remplie d'armes de toute espèce, et crut recevoir l'avertissement d'en choisir pour lui, de prendre la croix, et d'aller combattre en Terre-Sainte pour la conquête du saint sépulcre. Ayant acheté un cheval et une armure, il partit pour la Pouille, dans l'intention de passer en Palestine. Mais averti par Dieu qu'il devait faire une guerre spirituelle et non temporelle, docile à l'ordre divin qu'il avait reçu, il revint à Assise, résolu d'obéir.

Un matin, qu'il priait, hors de la ville, dans l'église délabrée de Saint-Damien, une voix partie du crucifix lui dit trois fois : « Va, François, et répare ma maison que tu vois tomber en ruines. »

Aussitôt, avec cette prompte et ardente obéissance qu'il mettait à exécuter les ordres d'en haut, il retourne chez son père, prend un paquet de riches étoffes, monte à cheval et court jusqu'à Foligno, où il vend cheval et marchandise. Puis il revient à pied à Saint-Damien, et présente au prêtre qui desservait l'église le produit de cet *heureux négoce*, comme l'appelle saint Bonaventure. Le chapelain, craignant le courroux de l'avare Bernardone, refuse, malgré les instances de François, d'accepter une aumône si considérable. Le saint jette alors avec mépris cet or inutile sur une des fenêtres du sanctuaire, qu'on montre encore aux pèlerins. Bernardone furieux vient chercher son fils. François, pour éviter le premier emportement de sa colère, se cache dans la chambre du

---

(1) *Histoire de saint François*, par le comte de Ségur, ouvrage auquel nous ferons de fréquents emprunts, parce qu'il résume admirablement tous les historiens de notre saint.

prêtre. Une pieuse tradition rapporte qu'au moment où Bernardone entrait, le saint s'enfonça miraculeusement dans la muraille comme dans une niche profonde, en sorte qu'il ne fut point vu de celui qui le cherchait. Cette muraille fut conservée, comme une relique, dans le couvent de Sainte-Claire qu'on bâtit plus tard en cet endroit, et l'enfoncement miraculeux s'y voit encore. Après un mois de solitude et de mortifications, François reparut dans Assise, pâle, défait, amaigri. Il est devenu fou, disaient ses anciens compagnons. En effet, il était possédé de la sainte folie de la croix. Son père irrité le retint prisonnier dans sa maison ; sa mère le délivra; Bernardone porta plainte contre son fils devant l'évêque d'Assise. « Seigneur évêque, s'écria François, je rendrai à mon père tout ce qui lui appartient, et même ces vêtements qui viennent de lui ! »

Il s'éloigne aussitôt, entre dans la chambre voisine, se dépouille de ses vêtements, et revient, rayonnant, inspiré, sa chair virginale recouverte seulement d'un cilice.

« Écoutez, s'écria-t-il d'un accent si divin que tous les assistants tressaillirent, écoutez et comprenez; jusqu'à ce jour j'ai appelé Pierre Bernardone mon père; désormais je puis dire hardiment : Notre Père qui êtes aux cieux, en qui j'ai mis mon trésor et la foi de mon espérance ! »

L'évêque d'Assise, les yeux remplis de larmes, s'approcha en silence du serviteur de Dieu, et, l'attirant vers lui, couvrit de son manteau sa sublime nudité.

François se trouve dès lors le plus pauvre, le plus libre et le plus joyeux des enfants de Dieu. Il avait vingt-cinq ans. Des voleurs le rencontrent dans la montagne, et se contentent de le battre, ne pouvant voler un homme qui n'avait plus rien. Il se consacre au soin des lépreux et à la restauration de l'église de Saint-Damien et de l'église de Saint-Pierre d'Assise, pour lesquelles il ne rougit pas de mendier dans les rues de sa ville natale, à la grande indignation de son père, qui le maudissait à haute voix. L'âme tendre de François ressentait cette blessure plus vivement que toutes les autres ; ne pouvant supporter d'être ainsi maudit par son père, il fit choix, par une touchante inspiration, d'un pauvre vieillard qui l'accompagnait par la ville, et chaque fois que Bernardone maudissait son fils, le vieux mendiant le bénissait en faisant sur lui le signe de la croix.

II

Sainte-Marie des Anges.

> De l'Alverne, témoin de son crucifiement,
> Le parfum de la foi s'élève incessamment,
> Et depuis six cents ans Notre-Dame-des-Anges
> De son saint bien-aimé répète les louanges.
>
> (Ségur, *Poëme de S. François.*)

Le doux soleil d'Ombrie était au plus haut point de l'horizon, lorsqu'on nous montra de loin la ville d'Assise sur le penchant de la montagne, Sainte-Marie-des-Anges dans la plaine, et Rivo-Torto dans la vallée. Un ruisseau tortueux a donné son nom à Rivo-Torto. Là quelques cabanes servirent d'abri à François et à ses premiers disciples ; là, il écrivit sa règle. Un jour l'empereur d'Allemagne, Othon IV, traversant l'Italie pour aller se faire sacrer et couronner à Rome par le pape Innocent III, passa près de la pauvre cabane de Rivo-Torto. François ne se détourna point de sa prière pour voir passer l'orgueil du nouveau César ; mais il lui fit dire par un de ses frères qu'il prît garde à son âme, parce que toute sa gloire ne durerait pas longtemps. L'empereur accueillit mal le messager, et se moqua du message. Dès l'année suivante, excommunié par le même pape qui l'avait sacré, pour avoir violé son serment et attenté aux droits de l'Église, il se vit déchu de l'empire, et, abandonné de tous, il finit misérablement.

Après la mort de François, on bâtit à Rivo-Torto une église et un couvent qui furent renversés par un tremblement de terre en 1854. Seules, les deux antiques cellules du saint ont été épargnées par le fléau de Dieu.

Enfin notre wagon s'arrête à la station d'Assise, qui est éloignée de la ville, mais tout près de Sainte-Marie-des-Anges, dont le dôme étincelant s'élève isolément dans la plaine.

En 352, des ermites venus de Palestine bâtirent ici une chapelle appelée d'abord Sainte-Marie de Josaphat, parce qu'ils y déposèrent une pierre du sépulcre de la sainte Vierge. Elle fut plus tard surnommée Sainte-Marie-des-Anges, à cause des fréquentes apparitions qu'y faisaient ces esprits bienheureux. La mère de François y venait souvent prier, et c'était là, dit-on, qu'elle avait obtenu de la sainte Vierge ce fils qu'attendaient de si grandes destinées. La même tradition rapporte qu'au moment de la naissance du saint des chants mystérieux s'élevèrent de ce lieu pour glorifier Dieu, comme à la naissance du Sauveur, et promettre la paix aux hommes de bonne volonté.

La chapelle tombait en ruines, quand François la répara de ses mains et en fit son oratoire habituel et comme sa demeure. Un jour, en 1208, qu'il y assistait à la messe du prêtre de Saint-Damien, il l'entendit lire ces paroles de l'Évangile : « Ne portez ni or, ni argent, ni aucune monnaie dans votre bourse, ni sac, ni deux vêtements, ni souliers, ni bâton. » Eh ! voilà ce que je cherche, s'écrie François; et soudain, achevant son dépouillement, il jette avec horreur sa bourse, son bâton, ses chaussures, et les pieds nus, couvert d'une grossière tunique grise qui fut jusqu'à la fin son unique vêtement, les reins entourés d'une corde, il part pour évangéliser le monde. Dé ce jour date la naissance de l'ordre des Frères Mineurs; leur nom vient du latin *minores*, tout petits. Assise joignit bientôt à la gloire d'avoir donné naissance à un grand saint, celle de lui donner ses premiers compagnons. Imitateur parfait de Jésus-Christ, François devait avoir d'abord douze disciples. Le premier fut Bernard de Quintavalle, homme riche et pieux, qui ayant eu le saint pour hôte, s'attacha à lui, après l'avoir vu secrètement toute une nuit à genoux, les yeux en pleurs, répéter ces paroles qui devinrent sa devise : *Deus meus et omnia*, Mon Dieu et mon tout !

François fit approuver sa règle par le pape Innocent III, qui reconnut en lui l'homme qu'il avait vu en songe soutenir de ses épaules la basilique de St-Jean-de-Latran. Après cette approbation, le saint fondateur chercha une chapelle pour son ordre naissant, et eut la joie d'obtenir des Bénédictins du mont Subazio l'église de Sainte-Marie-des-Anges, ainsi que la maison attenante et quelques portions de terrain, d'où est venu à ce lieu le nom de Portioncule (*Porziuncula*). Ce fut le berceau et le premier monastère des Frères Mineurs. En signe de reconnaissance, François envoyait chaque année aux Bénédictins un petit panier de *muges*, espèce de poisson qu'on trouve en abondance dans la rivière de Chiascio, qui coule auprès de Sainte-Marie-des-Anges. C'était l'offrande de la pauvreté et le tribut de la reconnaissance. Au XVIe siècle, sous le pontificat de saint Pie V, cette pauvre petite chapelle de la Portioncule fut revêtue d'un manteau de reine, et renfermée sous le dôme d'une grande basilique élevée sur les dessins de Vignole, avec ses murs de marbre blanc, en l'honneur de la pureté de Marie et des esprits célestes, et ses douze tourelles de marbre rouge en mémoire du sang répandu des apôtres.

Entrons dans ce temple monumental, dont le style nous rappelle Saint-Pierre de Rome; mais ce qui nous attire, c'est la petite chapelle qu'elle renferme sous son dôme, comme la basilique de Lorette renferme la maison de Nazareth, la *Santa-Casa.*

A Lorette, l'extérieur de la sainte maison est revêtu de marbres et de sculptures; ici, ce qui vaut mieux, la chapelle de la Portioncule est restée dans sa nudité primitive, telle qu'elle était au temps de saint François, avec ses murs nus et grossiers formés de pierres grises et brutes (1). Son seul ornement est une peinture qu'Overbeck posa en 1830 sur son front et qui représente la vision que saint François eut dans ce sanctuaire; elle est représentée avec une foi et une simplicité qui rappelle Cimabué et Giotto. La *Santa Casa* de la Portioncule n'est pas, comme celle de Lorette, une maison voyageuse, elle n'a jamais changé de place; c'est, oserai-je dire, une *casa casanière.*

A l'intérieur, le pavé est usé par les genoux des fidèles, les murailles sont dégradées par le temps et les baisers des pèlerins, elles sont couvertes d'ex-voto et éclairées par des lampes nombreuses. La peinture intérieure de l'autel représente l'Annonciation. On dit qu'elle date du temps de saint François; elle est presque entièrement effacée.

Quel parfum de sainte pauvreté s'exhale de cette humble chapelle ! C'est là qu'en 1221, par une nuit d'octobre, François priait dans l'église qu'il avait relevée de ses mains, et, versant des torrents de larmes, il demandait à Dieu la conversion des pécheurs. Jésus-Christ lui apparut avec sa sainte Mère, et, sur la prière de l'*avocate du genre humain,* il lui accorda les grâces extraordinaires qu'il demandait, pourvu qu'il en obtînt la confirmation de celui auquel seul il a été donné de lier et de délier ici-bas.

François vole à Rome aux pieds du pape Honorius III et lui demande de grandes indulgences.

« Je désire, dit-il, s'il agrée ainsi à Votre Sainteté, que quiconque visitera notre église, contrit, confessé et absous, soit égale-

(1) Elle a 3 mètres 70 c. de large et 12 mètres 33 c. de long.

ment absous de toute faute et de toute peine au ciel et sur la terre, et recouvre son innocence baptismale.

— Mais, s'écria le pape, c'est là une grande affaire et tout à fait étrange que demande François, la cour de Rome n'ayant point l'usage d'accorder de semblable indulgence.

— Seigneur, reprit le bienheureux, ce que je demande ne vient pas de moi, mais du commandement de Celui qui m'a envoyé vers vous, Notre-Seigneur Jésus-Christ. »

A ces mots, le souverain pontife, qui connaissait la sainteté du serviteur de Dieu, dit et répéta par trois fois : « Il nous plaît que tu aies une telle indulgence. »

Les cardinaux présents ayant fait quelques observations, Hononorius répondit : « La concession est faite, nous ne la révoquerons pas; mais nous n'accordons l'indulgence qu'une fois par an, et seulement pendant la durée d'un jour naturel, depuis les premières vêpres jusqu'aux vêpres du jour suivant.

Cette célèbre indulgence, dite de la Portiuncule, acheva de faire de Sainte-Marie-des-Anges un des sanctuaires les plus fréquentés du monde entier. Pour gagner le grand pardon, on vit par année jusqu'à deux cent mille pèlerins accourus à Sainte-Marie-des-Anges (1). Combien nous regrettions de n'être pas ici du 1ᵉʳ au 2 août pour gagner cette indulgence incomparable ! Une foule immense se rend encore à la Portioncule, malgré le malheur des temps et les progrès de l'impiété.

Un témoin oculaire nous a raconté l'enthousiasme et la foi des pèlerins qui se pressent dans la vaste église, pour pénétrer un à un dans l'étroit sanctuaire, les mains levées au ciel, le cœur en haut, et poussant à chaque instant ces exclamations : *Evviva Maria ! Evviva San Francesco !* « C'est là, dans cette grande fête populaire, dit Chavin de Malan, que le peuple italien apparaît réellement peuple-roi, roi de la grâce, de la poésie, de l'art; cette royauté vaut toutes les autres. » Faut-il ajouter que cette royauté lui a été enlevée ?

____

(1) Voir le sermon de Bourdaloue pour la fête de Sainte-Marie-des-Anges.

III

La Chapelle des roses.

> De tous les pays de la terre
> La foule vient, depuis ce jour,
> A l'ombre du vieux monastère
> Puiser le pardon et l'amour.
> Le pèlerin, avec surprise,
> A la place où l'ange d'Assise
> Déchira sa chair aux buissons,
> Voit des fleurs toujours renaissantes,
> Roses blanches ou rougissantes,
> Qui brillent en toutes saisons.
>
> (Ségur, *Poëme de S. François.*)

Continuons la visite de la basilique de saint Pie V, qui n'est que l'*étui* gigantesque de l'humble monument de saint François. A droite de la Portioncule, on nous montre une petite chapelle obscure et basse, c'est la cellule que le Séraphique habitait; c'est là qu'il priait, lorsqu'il fut appelé à la Portioncule pour y jouir de la présence de Notre-Seigneur et de sa Mère. C'est là qu'il mourut le 4 octobre 1226, à quarante-cinq ans. C'est là qu'il voulut être déposé sur la terre nue, et que Frère Léon et Frère Ange chantèrent en chœur, à ses derniers moments, son cantique du Soleil, auquel il ajouta ce verset, quand l'heure de sa mort lui fut révélée : « Loué soit mon Seigneur, pour notre Sœur, la Mort corporelle, à laquelle nul homme vivant ne peut échapper. Malheur à qui meurt en péché mortel ! Bienheureux ceux qui se trouvent, Seigneur, dans tes très-saintes volontés, parce que la seconde mort ne pourra leur être fatale. Louez et bénissez mon Seigneur, remerciez-le, et le servez en toute humilité. »

Avec la permission de notre guide, nous coupons un petit morceau de l'ancienne porte enchâssée dans le mur comme une relique.

Dans la sacristie, le frère qui nous conduit nous montre deux portraits de saint François, l'un peint sur la planche qui servait de lit au saint; l'autre est l'œuvre de Giunta de Pise, ami du séraphique patriarche.

Par l'intérieur du couvent nous pénétrons dans une espèce de cave, ou cachot souterrain; c'est là où le saint se retirait pour se livrer plus librement à ces rudes pénitences qui, à sa mort, lui faisaient demander pardon à son *frère le corps* (1) de tant de mauvais traitements qu'il lui avait infligés. Saint Bonaventure a élevé au-dessus de cette cave un oratoire qui fut agrandi par saint Bernardin de Sienne.

Pourquoi l'appelle-t-on la chapelle des Roses? Tout à côté, voyez, dans cette petite cour intérieure du monastère, ce jardinet entouré de murs bas et planté de rosiers. C'est le *Spineto* (le lieu plein d'épines). Au temps de François, c'étaient en effet de rudes épines qui couvraient ce sol. Là, au milieu des neiges, le saint s'était bâti un oratoire derrière Sainte-Marie-des-Anges. Or, une nuit, au mois de janvier 1223, il était en oraison, quand Satan vint le tenter et lui dit : « François, pourquoi veux-tu mourir avant le temps? Ignores-tu donc que le sommeil est le principal soutien du corps? Pourquoi donc veiller pour de telles choses? Ne t'ai-je pas dit autrefois, dans l'église des Quatre-Chapelles, du comté de Todi, que tu es jeune, que tu pourras longtemps encore faire pénitence de tes péchés? Pourquoi donc te consumer et te faire mourir dans les veilles et les prières? »

A l'instant, le bienheureux se lève, ôte ses vêtements et se roule tout nu dans la neige, s'ouvrant un sanglant passage à travers les ronces et les épines de la forêt, jusqu'à ce que son corps ne soit plus qu'une plaie.

« Mon frère le corps, disait-il, mieux vaut souffrir ainsi avec Jésus que d'écouter les conseils du tentateur. »

Les buissons épineux rougis de ce sang virginal se couvrent à l'instant de roses blanches et rouges ; une grande lumière illumine la forêt; une multitude d'anges apparaissent et disent à François : « Venez vite à l'église où le Sauveur et sa Mère sont présents. » Le bienheureux se relève tout ensanglanté, se trouve revêtu d'une robe blanche, et après avoir cueilli douze roses, six blanches et six rouges, il se rend à l'église. Le chemin lui paraît couvert comme de manteaux et de vêtements de soie étendus sous ses pas. Etant entré avec respect, il dépose les fleurs sur l'autel ; et alors il voit Notre-Seigneur Jésus-Christ et sa Mère avec une multitude d'anges. Notre-Seigneur lui reproche de n'avoir pas encore fixé

---

(1) Il l'appelait parfois *son frère l'âne*, parce qu'il portait sa charge, mangeait peu et était battu chaque jour. Le saint ne se repentait pas de ses austérités, mais au moment de se séparer de ce vieux compagnon, il demanda pardon à son corps de l'avoir maltraité pour assurer le salut de son âme.

le jour de l'indulgence de la Portioncule qui devait sauver tant
d'âmes. François prie le Sauveur de le déterminer lui-même, et
Jésus-Christ daigne lui assurer que tous ceux qui viendront à la
Portioncule, depuis les vêpres du 1ᵉʳ jour d'août, fête des chaînes
de saint Pierre, jusqu'aux vêpres du jour suivant, contrits et con-
fessés de tous les péchés dont ils se souviendront, obtiendront la
rémission de tous les péchés commis par eux depuis le jour de leur
baptême jusqu'au jour et à l'heure de leur entrée en cette église.
Et alors François dit : « Notre Père très-saint, comment se fera-
t-il que les hommes le sachent et le croient? — Cela se fera par
ma grâce, répondit le Seigneur. Va toutefois trouver mon vicaire à Rome, pour qu'il publie ce bienfait, selon qu'il croira le
plus utile. — Et comment me croira votre vicaire? dit le B. François. Il n'ajoutera peut-être pas foi aux paroles d'un pécheur
comme moi. »

Et le Seigneur tout-puissant dit lui-même à saint François :
« Prends avec toi deux témoins parmi tes frères qui ont entendu
ces choses, et porte des roses rouges et blanches que tu vois dans
la forêt, témoin de la pénitence de ton corps. » Et le bienheureux
prit des roses qu'il avait déposées sur l'autel, trois rouges et trois
blanches, en l'honneur de la très-sainte et indivisible Trinité. Il
se rendit à Rome et présenta les six roses au saint-père, qui à la
vue de ce prodige, lui accorda le 2 août pour le jour de cette indulgence extraordinaire (1).

Avec quelle émotion nous nous agenouillons devant le *Spineto*,
au milieu de ces buissons d'épines transformés en rosiers ! Les
champs de bataille de l'ambition valent-ils ce champ de bataille
de la pénitence? Voilà comme les saints savaient rester vainqueurs
de la tentation ! « Ces ronces, dit le P. Bonaventure, se changèrent
en rosiers très-beaux et sans épines. On les voit encore aujour-
d'hui. Ils se reproduisent sans épines : les feuilles sont encore
maintenant comme tachées de sang. Si cependant on les trans-
plante ailleurs, les épines qu'ils n'ont pas à la Portiuncule re-
naissent, et les taches de sang disparaissent. »

Malheureusement, nous étions au mois de février, et les rosiers
n'avaient pas de fleurs. On nous permit de couper quelques petites

---

(1) Ce récit, que nous abrégeons à regret, est tiré d'une lettre de Conrad, évêque
d'Assise, datée de 1335, et traduite dans l'excellent livre du R. P. Bonaventure,
mineur capucin de Paris, intitulé : *Gloire de S. François d'Assise après sa mort.*
Lethielleux, 1867.

branches vertes, que nous emportons comme un mémorial de l'héroïsme du paladin d'Assise, ainsi que Dante l'appelle.

Le pèlerin qui va de Rome à Subiaco retrouve un souvenir
semblable. Saint François alla à Subiaco visiter la grotte de
saint Benoît; on lui montra le buisson épineux au milieu duquel
Benoît amortit aussi le feu de la tentation, et le séraphin d'Assise
se prosterna devant ce buisson qui avait servi de lit triomphal
à la mâle vertu du patriarche des moines d'Occident. Puis il
fit le signe de la croix sur ces ronces bénédictines, et elles se
transformèrent en rosiers qu'on y voit encore.

Voilà ce qu'on trouve à Sainte-Marie-des-Anges, mais la joie
qu'on y goûte est mélangée d'amertume, à l'aspect de la solitude
et de la désolation de ce grand monastère; la révolution en a
chassé les Franciscains réformés, *riformati;* il n'en reste plus que
quelques-uns comme gardiens de l'église; ils avaient ici leur
noviciat; on leur défend de recevoir des novices; l'arbre monastique est coupé à la racine. Sainte-Marie-des-Anges a été deux
fois ébranlée par des tremblements de terre en 1832 et en 1854;
deux fois il a fallu la réparer à grands frais; seule la chapelle de
la Portioncule est demeurée intacte; mais combien sont plus
funestes encore les tremblements de terre politiques qui bouleversent l'Italie, et qui vont détruire les plus précieux monuments
de sa foi!

IV

La colline du Paradis.

C'est dans tes murs bénis, c'est dans ta noble enceinte,
Nouvelle Bethléem, ô cité vraiment sainte,
Qu'en des jours ténébreux saint François s'est levé,
Du soleil de justice exemplaire achevé.
Tressaille donc, Assise, et redis-nous l'histoire
De ce divin François, ton amour et ta gloire!

(Ségur, *Poëme de S. François.*)

Il est temps de quitter Sainte-Marie des-Anges, et de monter
vers Assise, qui est là bas à trois quarts de lieue, posée à mi-côte
sur une des croupes de l'Apennin. Deux petits *vetturini* s'offrent
pour nous conduire, et nous montons lentement, escortés de deux
ciceroni; l'un est un petit orphelin boiteux, *zoppo,* qui ne nous

laisse pas de repos par ses cris et ses explications frénétiques; l'autre, plus grave et plus instruit, est le vieux Gaetano, le doyen des guides de S. François, comme il s'intitule; il nous suit à pied, s'accrochant des mains à notre voiture, soufflant et suant sous le soleil, et sous son grand manteau couleur de muraille doublé de laine verte, qui ne le quitte pas plus que sa peau. Gaetano nous fait faire halte à moitié chemin, près du *Spedalicchio*, l'ancien hospice des lépreux. C'était peu de jours avant sa mort: le patriarche d'Assise étant devenu aveugle comme Isaac, et se trouvant malade chez l'évêque d'Assise, désira être transporté dans sa chère petite cellule de la Portioncule. Quand on fut dans la plaine, il demanda si l'on était vis-à-vis l'hospice où, dans les commencements de sa conversion, il aimait à soigner les lépreux. Sur la réponse affirmative : «Tournez-moi, dit-il, du côté de la ville.» Il était étendu sur un brancard porté par des Frères ; se soulevant et appuyant son bras gauche sur l'un d'eux, il leva son bras droit, étendit la main vers la ville, et, les yeux au ciel, il prononça ces paroles solennelles (1) :

« Sois bénie du Seigneur, ville fidèle à Dieu, parce que beaucoup d'âmes seront sauvées en toi et par toi. Les serviteurs du Très-Haut habiteront en grand nombre dans ton enceinte, et beaucoup de tes citoyens seront choisis pour la vie éternelle. »

Voilà, voilà enfin la ville bénie, voilà le monastère et le tombeau de S. François *sur la colline du Paradis*.

En mourant, le bienheureux, dans son humilité, pria ses disciples de l'enterrer en dehors de la ville, dans un lieu destiné au supplice des malfaiteurs, et appelé pour cela la *colline d'Enfer*. Il fut obéi ; mais Grégoire IX, qui le canonisa à Assise moins de deux ans après sa mort, posa en ce lieu la première pierre de la triple basilique, et décréta que la colline d'Enfer se nommerait désormais la *colline du Paradis* (2). Assise est en effet la *cité séraphique*, c'est une sorte de paradis terrestre, gardé à ses deux extrémités par deux citadelles sacrées, par deux monuments qui renferment le corps de ses deux plus illustres enfants ; à droite est le couvent et le tombeau de sainte Claire, à gauche le monastère et le sépulcre de saint François. Nous montions lentement la colline du Paradis, les

---

(1) Voir au musée du Luxembourg, à Paris, l'admirable tableau de Benouville : *S. François bénissant Assise.*

(2) Le P. Francesco Maria Angeli a fait tout un livre intitulé : *Collis Paradisi amenitates,* 1704.

yeux fixés vers Assise, le cœur embaumé des souvenirs de l'homme séraphique, admirant comme lui notre *frère* le soleil qui est si doux et si beau dans ce pays, écoutant le chant de nos frères les oiseaux qui descendent de ceux à qui le saint a prêché en ces termes:

« Mes petits frères, vous devez toujours louer votre Créateur et l'aimer toujours, lui qui vous a revêtus de plumes, qui vous a donné des ailes avec la liberté de voler en tout lieu. Il vous a faits avant toutes ses créatures, il a conservé votre espèce dans l'arche de Noé; il vous a assigné pour séjour les régions pures de l'air. Sans que vous semiez, sans que vous moissonniez, il vous nourrit, il vous donne de grands arbres pour faire vos nids, et il veille sur vos petits. Ainsi donc, louez toujours le bon Dieu ! »

Il disait, et les oiseaux étendant leur petit cou, baissant et relevant la tête, semblaient le comprendre et témoignaient leur allégresse des paroles de leur frère saint François. Le saint, de son côté, passant au milieu d'eux, admirait naïvement leur nombre, leur variété merveilleuse et leur familiarité. Enfin, il leur donna sa bénédiction, et ils s'envolèrent en forme de croix vers les quatre parties du monde. Voyant un jour des alouettes, à la robe grise et cendrée comme la sienne, s'élever en l'air en chantant dès qu'elles avaient pris quelques petits grains sur la terre, il s'attendrit et dit aux frères : « Voyez ces douces créatures ! Elles nous apprennent à rendre grâces au Père commun qui nous donne la nourriture, à ne manger que pour sa gloire, à mépriser la terre et à nous élever au ciel, où doit être notre conversation. »

Comme il louait les alouettes de leur détachement de la terre, ainsi il blâmait les fourmis qui faisaient leurs provisions avec trop de soin. Il n'était pas de l'avis du fabuliste. A sa mort, les alouettes se réunirent en troupe sur le toit de sa cellule, modulant un chant d'une douceur extraordinaire pour célébrer les louanges de leur saint et se réjouir de sa gloire.

Un jour, il rencontra sur la route de Sienne un jeune homme portant des tourterelles vivantes, qu'il avait prises et qu'il allait vendre : « Mon cher fils, lui dit-il, je t'en prie, donne-moi ces oiseaux innocents, qui sont comparés dans la sainte Écriture aux âmes chastes, humbles et fidèles, et ne les livre pas à des mains cruelles qui les mettraient à mort. » Le jeune homme les lui ayant données avec joie, le bienheureux les réchauffa dans son sein, les caressa, et leur dit : « Tourterelles innocentes et chastes, pour-

quoi vous êtes-vous laissé prendre? Mais je veux vous arracher à
la mort et vous faire des nids, où vous puissiez vous multiplier. »

Prêchant un autre jour dans le village d'Alviano, et ne pouvant se faire entendre à cause du bruit des hirondelles qui avaient
leurs nids près de là, il leur dit : « Hirondelles, mes sœurs, vous
avez assez parlé ; il est temps que je parle à mon tour. Écoutez
la parole de Dieu et gardez le silence pendant que je prêcherai. »
Elles ne dirent plus un seul petit mot, et restèrent immobiles,
sans seulement remuer leurs ailes. Saint Bonaventure raconte
qu'un étudiant de Paris, troublé dans son travail par le gazouille-
ment d'une hirondelle, dit à ses condisciples : « En voici une de
celles qui troublaient le bienheureux François dans son sermon,
et qu'il fit taire. » Et se tournant vers l'hirondelle, il lui dit : « Au
nom du serviteur de Dieu, François, je t'ordonne de venir à moi et
de te taire. » Elle se tut, et vint à lui ; mais l'écolier fut si surpris
qu'il demeura immobile et ne la retint pas; l'hirondelle s'envola
et ne le troubla plus.

En voyant sur la route des hirondelles prises au filet par un
chasseur, nous nous disions: elles descendent peut-être des hirondelles à qui parlait François, et le bon saint eût été bien chagrin
s'il eût vu ses chers oiseaux captifs et prêts à être plumés comme
un vil gibier de basse-cour, car tel est l'usage du pays.

Après les oiseaux, notre saint chérissait d'une particulière
affection les brebis et les agneaux, qui lui rappelaient le bon
Sauveur. Un jour, apercevant dans un pré une pauvre brebis qui
paissait seule au milieu d'un troupeau de boucs, il soupira de
compassion, et dit à ses frères : « Ainsi notre doux Sauveur Jésus
était au milieu des Juifs et des pharisiens. » Ils résolurent d'a-
cheter la brebis; mais ils n'avaient pas d'argent et ne possé-
daient rien que leurs manteaux. Un marchand qui passait s'émut
de leur peine, paya la brebis et la donna à François.

Le bienheureux ne pouvait voir sans une vive douleur mener
les agneaux à la boucherie : il pleurait à cette vue et donnait ses
vêtements pour les racheter de la mort. Sa tendre compassion
s'étendait aux plus petits animaux, et pendant l'hiver il faisait
porter aux abeilles du miel et du vin pour les nourrir et les
réchauffer.

Un pêcheur du lac de Riéti lui ayant donné un grand poisson,
il le caressa et le remit dans l'eau ; le poisson le suivait comme
un chien ; son disciple, saint Antoine de Padoue, devait un jour

prêcher aux poissons et les trouver plus dociles que les hommes.

Les bêtes sauvages obéissaient à François comme les pêcheurs; de même qu'il réconciliait entre eux les ennemis acharnés, il réconciliait le loup de Gubbio avec le peuple dont il avait été la terreur (1), et frère loup lui donnait respectueusement sa patte en signe de soumission. Il avait un tel amour fraternel pour toutes choses qu'il appelait la souffrance et la mort ses sœurs.

La nature était devenue pour saint François ce qu'elle était pour Adam avant sa chute, c'est-à-dire obéissante et empressée. Il avait une parole d'amour pour toutes les créatures, parce qu'il voyait en chacune d'elles un reflet de la puissance et de la charité du Créateur; et, semblable au prophète royal, il conviait tout ce qui existe à chanter les louanges de l'Éternel. «Petites fleurs, mes sœurs, disait-il, dès l'aube matinale, aux pâquerettes des champs et aux violettes de la prairie, saluez avec moi l'auteur de la nature; » et petites fleurs des champs de balancer leurs calices et leurs corolles, d'incliner leurs étamines et de répandre leurs plus suaves parfums. — «Cigales, tourterelles et fauvettes, mes sœurs, chantez avec moi, aimez avec moi celui qui nous a donné la vie; » et cigales, fauvettes et tourterelles gazouillaient aussitôt.— Les oiseaux du voisinage quittaient leurs retraites pour voltiger autour de François, se poser sur ses épaules, becqueter ses mains et ses lèvres; les agneaux, les brebis et les animaux qui peuplent les forêts accouraient autour de lui, se couchaient à ses pieds et semblaient réclamer une caresse de ce saint, qui était né dans une étable, comme Jésus, au milieu des animaux.

Un soir qu'il était touché jusqu'aux larmes par le chant d'un rossignol, il se sentit inspiré de lui répondre, et jusque bien avant dans la nuit il chanta alternativement avec lui les louanges de Dieu. François se trouva épuisé le premier et loua l'oiseau qui l'avait vaincu.

Ce bienheureux amant de la nature portait le même amour fraternel aux créatures inanimées. Il aimait notre sœur l'Eau parce qu'elle sert au baptême, et quand il se lavait, il cherchait un lieu où l'eau en tombant ne pût être souillée. Il révérait aussi les pierres, se souvenant de la pierre angulaire de l'Évangile. Il

(1) Nous empruntons encore ceci à M. le comte de Ségur, qui s'est fait avec un égal succès le poëte et l'historien de S. François. Son poëme est charmant et rempli de vers comme celui-ci, qui peint le cœur du saint :

Plein de Dieu jusqu'au bord et vide de lui-même.

recommandait aux frères qui allaient couper le bois dans la montagne de laisser de forts rejetons, en mémoire de Jésus-Christ, qui a voulu mourir pour notre salut sur le bois de la croix.

Il perdit la vue à force de pleurer sur la Passion du Rédempteur ; le médecin déclara que la guérison ne pouvait être obtenue qu'au moyen de la cautérisation par le fer chaud. L'atrocité du remède et la douleur qui devait s'ensuivre furent précisément les raisons qui déterminèrent François à s'y soumettre ; et dans le moment où l'on faisait les apprêts de cette espèce de supplice en usage alors, le malade se tournant vers le réchaud, s'écria : « *Mon frère Feu*, toi que le Très-Haut a créé puissant, utile et beau, sois-moi propice et salutaire en ce moment. » Puis, ayant fait le signe de la croix devant le fer incandescent, il présenta sa tête à l'opérateur, qui promena son instrument dans sa peau crépitante, depuis l'oreille jusqu'au sourcil, sans que le patient témoignât la moindre douleur, insistant même pour que le chirurgien recommençât s'il supposait l'opération imparfaite. C'est saint Bonaventure qui raconte ce fait.

Toute la nature était pour François comme un voile transparent derrière lequel il voyait Dieu.

Il voulait que, dans le jardin du monastère, le frère jardinier cultivât toujours un carré de fleurs odoriférantes, qui lui rappelaient cette fleur sortie de l'arbre de Jessé et dont le parfum réjouit le monde. Enfin il nous semblait voir le saint parcourant cette vallée et cette montagne, en répétant les larmes aux yeux : *L'Amore non è amato, l'Amore non è amato,* l'Amour n'est pas aimé ! l'Amour n'est pas aimé !

Ainsi nous cheminions, le cœur parfumé de ces délicieux souvenirs ; nous cueillions au bord du chemin des fleurs sauvages en leur disant : O petites fleurs, nos sœurs, n'êtes-vous pas filles de ces fleurs bienheureuses à qui François parlait ? Et à l'exemple du bon saint, nous prenions garde d'écraser, dans notre marche, le ver de terre qui lui rappelait que Jésus s'était comparé au vermisseau dans le psaume XXI : *Ego sum vermis et non homo.*

Enfin nous franchissons la porte crénelée de la cité franciscaine ; ses habitants y ont gravé ces paroles de la dernière bénédiction donnée par saint François à sa ville natale :

BENEDICTIO S. FRANCISCI

Benedicta tu civitas a Domino
Quia per te multæ animæ salvabuntur
Et in te multi servi Altissimi habitabunt
Et de te multi eligentur ad regnum æternum.

Pax + tibi.

Combien Assise a besoin de cette bénédiction en ces temps malheureux! La cité séraphique a un aspect tout monastique; ses rues étroites et montueuses sont graves et paisibles; ses maisons ont des fenêtres grillées comme des couvents; les enfants ne font pas de bruit, et les femmes qui filent sur le seuil de leurs portes, sans lever les yeux, ressemblent à des religieuses. Beaucoup d'entre elles sont filles de saint François et sont entrées dans le Tiers-Ordre de la pénitence.

Pour maintenir l'idéal de l'Evangile et honorer les pauvres et les petits, François se fit, lui et ses disciples, les moindres, les *mineurs* de leurs frères. Il acquit par ses prédications une influence prodigieuse. Il prêchait partout la paix, l'union, la fraternité chrétienne, dans cette Italie en proie aux factions et aux déchirements. On vit des partis et des villes rivales se réconcilier à sa voix. Non-seulement il régna de son temps sur les esprits, mais il étendit sa royauté jusque dans les siècles futurs en fondant un triple empire, en créant trois ordres religieux, les plus nombreux qui aient existé, et qui se chargèrent pendant trois siècles de l'éducation morale et intellectuelle du monde chrétien.

L'institution du Tiers-Ordre fut une des conceptions les plus originales et les plus fécondes de ce héros. Il avait provoqué dans tous les rangs de la société un élan universel vers le cloître. Les gens mariés, qui ne pouvaient y entrer, lui demandèrent une règle pour vivre dans le monde d'une manière plus parfaite, et le saint fonda pour eux son Tiers-Ordre. Son ami le marchand Lucchesio et sa femme Bona Donna se firent les deux premiers Tertiaires, et furent béatifiés comme beaucoup d'autres. Le Tiers-Ordre n'est pas une simple confrérie, c'est un Ordre véritable, ainsi que l'a déclaré le pape Benoît XIII. Dès sa naissance, il embrassa des multitudes d'hommes et de femmes, ne les arrachant pas au siècle, mais réglant plus chrétiennement leur vie et leurs occupations ; ces personnes trouvaient dans cette association des forces mutuelles pour servir Dieu et les hommes, et des secours énergiques pour résister à l'oppression des tyrans de l'Italie, et amener le triomphe de la justice sur la force brutale. Les Tertiaires eurent à lutter contre les empereurs allemands, oppresseurs de l'Italie. On vit une ville s'insurger contre Frédéric II à la voix d'une tertiaire, de cette sainte Rose que nous avons vénérée à Viterbe ; « ce tribun virginal, cette héroïque enfant dont les oiseaux, aussi bien que les peuples, connaissaient la voix, et qui fut tout ensemble l'effroi des empereurs et l'amour des tourterelles (1). »

Des saints, des papes, des empereurs, des princes, des princesses, des grands hommes de tout genre, ont été Tertiaires (2).

Un grand nombre de cardinaux, d'évêques et de saints personnages ont été et sont encore aujourd'hui du Tiers-Ordre. L'un d'eux disait à quelqu'un qui s'étonnait de le voir unir le pauvre habit franciscain à la pourpre romaine : « L'habit de saint François est une véritable pourpre, bien propre à rehausser la dignité des rois et des cardinaux. Oui, c'est vraiment une pourpre teinte dans le sang de Jésus-Christ et dans le sang sorti des stigmates de son serviteur. J'ai joint la pourpre à la pourpre, la pourpre de la

----

(1) Pierre des Vignes, ministre de l'impie Frédéric II, déclarait à son maître que l'esprit nouveau, introduit dans les populations italiennes par les Frères-Mineurs, était un obstacle plus redoutable à ses projets que les armées les plus nombreuses. « On ne trouve plus personne qui ne fasse partie de ce nouvel Institut, » ajoutait-il.

Les Tertiaires créèrent en Italie des institutions de crédit mutuel au XIII° siècle. (F. Morin, *Saint François et les Franciscains.*) Cet auteur explique l'influence du Tiers-Ordre au point de vue politique, industriel et économique ; mais il l'a exagérée en disant que le Tiers-Ordre a vaincu la féodalité, et que c'est du *Tiers-Ordre qu'est sorti le tiers-état.*

(2) Grégoire IX, Innocent XII, Pie IX. — Cent trente-quatre empereurs, rois, reines et princesses, l'empereur d'Orient Michel Paléologue, Rodolphe de Hapsbourg, empereur d'Allemagne, Charles-Quint, sa femme et ses enfants, Philippe II roi d'Espagne, S. Louis roi de France, et son père Louis VIII, S. Ferdinand roi de Castille, Bela IV roi de Hongrie, Jagellon roi de Pologne, Jean roi d'Aragon, Charles II et Robert rois de Sicile et de Jérusalem, Charles IV, roi de Bohême, Philippe III roi d'Espagne, Amédée VII duc de Savoie, et sainte Elisabeth de Hongrie, sainte Elisabeth de Portugal, la reine Blanche, la reine Elisabeth femme de Philippe IV, sainte Jeanne de Valois, Anne d'Autriche et Marie-Thérèse, la mère et la femme de Louis XIV, etc. Dante, Christophe Colomb, Lope de Vega, Raphaël, Michel-Ange, étaient Tertiaires. En France, le Tiers-Ordre a repris toute son influence : en 1867, il comptait environ cent mille membres.

(Voir l'excellent petit livre de Mgr de Ségur : *le Tiers-Ordre de S. François.* Paris, 1868.)

divine royauté à la pourpre du cardinalat. C'est un double honneur que je ne méritais pas. »

Le Tiers-Ordre, cette chevalerie de l'humilité, a eu pour
membres ce qu'il y avait de plus petit et de plus grand dans le
monde.

L'obéissance et le dévouement au Saint-Siége furent recom-
mandés par saint François à ses trois Ordres. Les Frères Mineurs
étaient l'armée du chef de l'Eglise, les Tertiaires furent son
peuple.

V

Souvenirs de sainte Claire.

> Depuis ce moment, sainte Claire,
> Pieds nus, au fond d'un monastère
> Vécut dans l'amour de la croix,
> Et bientôt d'innombrables femmes,
> Le cœur atteint des mêmes flammes,
> Vinrent se ranger sous ses lois.
>
> (Ségur, *Poème de S. François.*)

Après avoir déposé nos bagages *al nuova albergo del Leone*,
entre les mains du signor Serafino Stoppini, *piazza del vescovado*,
je dis à notre vieux guide : « Gaetano, commençons notre pèlerinage par visiter le tombeau de sainte Claire et le couvent des
pauvres Clarisses que saint François appelait ses *dames*. »

En route, nous aimons à nous rappeler la vie de cette illustre
vierge d'Assise (1). Son père était Favorino Scefi, comte de Sasso
Rosso ; sa mère, Ortolana, avait fait le pèlerinage de Jérusalem
et entendu une voix qui lui révéla qu'elle donnerait à l'Eglise une
pure lumière pour l'*éclairer*, ce qui la fit appeler sa fille du nom
de *Claire*. L'enfant prédestinée vint au monde, le sourire sur
les lèvres, et reçut le baptême dans la cathédrale d'Assise, sur les

____

(1) Vita di S. Chiara, scritta da Vincenzo Loccatelli, suo concittadino. (Asisi 1854)—
Vie de sainte Claire, par l'abbé Demore. Paris, 1856.

fonts où saint François avait été baptisé douze ans auparavant. A dix-huit ans, Claire entendit le saint prêcher le carême à l'église Saint-Georges, et elle reconnut en lui le directeur de sa vie, comme plus tard sainte Chantal à la vue d'un autre François. Claire s'ouvrit de son dessein à une veuve sa parente, nommée Bonna Guelfuccio, qui l'accompagna à la Portioncule, où elle eut plusieurs entrevues avec François au sujet de sa vocation.

« Ma fille, lui dit le saint pour l'éprouver, si vous voulez que je vous croie, quittez ces riches vêtements, couvrez-vous d'un sac, et parcourez Assise en demandant l'aumône de porte en porte. »

Claire n'hésite pas à le faire, et à la fin du carême elle conjure le saint patriarche de la donner toute à Dieu. On convint du jour des Rameaux (19 mars 1212). Claire, richement vêtue selon son rang, alla le matin à l'église cathédrale d'Assise avec les autres nobles dames de la ville : comme elle demeurait à sa place par modestie, pendant que celles-ci s'empressaient pour recevoir les rameaux, l'évêque, ami et peut-être confident de François, descendit de l'autel et vint lui apporter une palme, symbole de la victoire qu'elle allait remporter sur le monde. C'était la dernière fois qu'elle paraissait dans l'assemblée des fidèles.

Claire rentre dans la maison paternelle, que notre guide Gaetano nous fait voir, et là, dans la soirée, elle attend avec impatience le sommeil de ses parents pour s'échapper à la faveur de la nuit. Elle sort accompagnée de sa parente Bonna ; la porte du jardin s'entr'ouve sans bruit ; les pieux et les pierres qui la barricadent cèdent miraculeusement à la pression de ses faibles mains ; elle descend rapidement la montagne, et vole à Sainte-Marie-des-Anges, où Dieu voulait que prissent naissance les deux Ordres d'hommes et de femmes, sortis l'un et l'autre du cœur de François d'Assise ; le bienheureux et ses disciples, des cierges à la main, attendaient cette vierge sage qui cherchait son époux avec la lampe de la plus ardente charité. Claire prononce ses vœux ; le saint la fait revêtir d'une robe grossière de couleur cendrée, la ceint d'une corde, et coupe sa chevelure, qui était d'un blond pâle (1). Puis il la conduit au monastère des bénédictines de Saint-Paul à Assise. Son père et sa mère arrivent pour l'en arracher, mais elle leur montre sa tête rasée, et court se cramponner aux

____

(1) On la conserve au monastère d'Assise, ainsi que la tunique ayant appartenu à la sainte.

colonnes de l'autel. Sa sœur Agnès vient la rejoindre. Ses oncles,
suivis d'une bande de *bravi* armés, enlèvent brutalement Agnès ;
l'un d'eux l'entraîne par les cheveux en la foulant aux pieds,
mais bientôt le corps sanglant d'Agnès devient si lourd que les
bras épuisés de ses persécuteurs sont forcés de l'abandonner aux
bords d'un ravin. Un des oncles lève sur elle son épée, mais son
bras se dessèche. Les parents des deux vierges reconnurent enfin
la volonté de Dieu, et cessèrent de s'y opposer.

Saint François ne tarda pas à établir Claire et ses sœurs dans la
maison attenante à cette église de Saint-Damien où lui avait
parlé le crucifix : ainsi se vérifia la prophétie qu'il avait faite en
la réparant, lorsqu'il disait en français aux paysans du voisinage
qu'il appelait pour l'aider : « Venez, mes frères, et donnons-nous
la main pour travailler ensemble à finir ce bâtiment ; car un jour,
dans ce lieu, il y aura un monastère de pauvres dames d'une
très-sainte vie, qui glorifieront le Père céleste dans toute la sainte
Église. »

Après la mort du père de sainte Claire, sa mère Ortolana,
qui était déjà tertiaire de saint François, se fit clarisse à Saint-
Damien et se mit sous l'obéissance de sa fille ; Béatrix, sa dernière
enfant, ne tarda pas à la rejoindre.

Saint François obligea Claire à devenir abbesse de Saint-Damien ; il donna à ses religieuses le nom de Sœurs-Mineures, et
celui de Pauvres-Dames ou Dames de la Pauvreté ; il les établit sur
le roc de cette absolue pauvreté qu'il aimait tant : « O mes très-
douces sœurs, leur dit-il dans le chapitre viii° de sa règle, c'est cette
sublimité *de la très-haute pauvreté* qui vous institue héritières du
céleste royaume (1). »

Ce ne fut pas sans peine que Claire obtint du pape Innocent IV
le privilége étrange et nouveau du renoncement perpétuel à
toutes possessions pour elle et pour son Ordre. Les sœurs de Sainte-
Claire, étant cloîtrées, ne pouvaient aller mendier comme les
Frères-Mineurs ; elles durent désormais attendre chaque jour
dans leur monastère, de la seule providence de Dieu et de la
charité des chrétiens, le pain de la journée. Quand ce pain quo-
tidien leur faisait défaut, on sonnait la cloche du couvent, pour
apprendre aux fidèles que les sœurs n'avaient pas de quoi man-

(1) Le nom de *Pauvreté* est proprement le nom des filles de saint François ; on les
appela tour à tour Pauvres-Recluses, Pauvres-Dames, Pauvres-Clarisses, Pauvres-
Capucines, Pauvres-Damianistes, Pauvres-Minoristes.

ger. Il en est ainsi depuis six siècles, et depuis six siècles Jésus-
Christ et ses amis n'ont pas manqué de répondre à l'appel des
pauvres recluses; quand, par hasard, le secours imploré n'arrive
pas à temps, les saintes filles bénissent Dieu et, joyeuses, rem-
placent leur repas par un chant d'action de grâces (1).

Saint François avait des délicatesses charmantes pour ses pauvres filles. Il leur écrivait :

« Moi, frère François, petit homme, je veux suivre la vie et
la pauvreté de notre très-haut Seigneur et de sa très-sainte Mère,
et y persévérer jusqu'à la fin. Je vous prie aussi, *vous toutes que je
considère comme mes dames*, et vous conseille de vous conformer
toujours à cette vie et à cette pauvreté dont la sainteté est si
grande. Prenez bien garde à ne vous en écarter jamais en quoi
que ce soit, et à n'écouter là-dessus ni conseils ni maximes con-
traires. »

Quand l'homme séraphique eut reçu les divins stigmates sur le
mont d'Alvernia, Claire lui fit de ses mains une chaussure appro-
priée aux blessures de ses pieds (2) : à sa vue, ses frères croyaient
voir un vivant crucifix. Après quatorze ans d'union spirituelle avec
saint François, Claire eut la douleur de le perdre sur la terre. Nul
souverain du monde, si puissant qu'il ait été, n'a reçu après sa
mort des témoignages d'admiration et d'enthousiasme pareils à
ceux qui furent prodigués à François. On transporta son corps de
Sainte-Marie-des-Anges à Assise. Dieu permit que le cortége, au
lieu de prendre le chemin le plus court qui conduisait directement
de la Portioncule à Assise, choisît la route détournée qui menait
au pied du monastère de Saint-Damien. On voulut donner aux
Clarisses la consolation de contempler les traits de leur père et de
baiser ce corps tout marqué des signes de la gloire. On ouvrit la
petite porte par laquelle les servantes du Christ avaient coutume
de communier au très-saint Sacrement. Claire malade, portée
dans les bras de ses filles, put vénérer et baiser en pleurant les

____

(1) Ségur, *Histoire de S. François.*
(2) J'ai vu, dit Wading, l'historien de l'Ordre séraphique, une chaussure faite avec
tant de soin par sainte Claire, qu'elle couvrait entièrement le dessus du pied, de manière qu'on ne pût voir les stigmates, tandis qu'au-dessous elle l'élevait tellement
que saint François pouvait encore se traîner malgré la grosseur des clous dont il était
percé (*ad an.* 1224). — Les religieuses de Sainte-Claire, à Assise, possèdent un ap-
pareil que François portait sur la plaie de son côté; il est encore teint de sang.
— Elles conservent aussi le bréviaire du Patriarche, sa tunique, sa corde, un de ses
cilices, l'aube dont il se servait quand il remplissait les fonctions de diacre, et un
petit vase contenant ses cheveux.

glorieux stigmates. La chair du saint, naturellement brune, était devenue blanche et rose ; on voyait à découvert dans ses pieds et dans ses mains des clous noirs comme du fer, merveilleusement formés et tellement adhérents, que lorsqu'on les poussait d'un côté, ils avançaient de l'autre comme des nerfs durs et tout d'une pièce. La plaie de son côté, dit saint Bonaventure, qu'il cachait avec tant de soin pendant sa vie, semblable à l'ouverture du côté du Sauveur, était d'un rouge vif et produisait l'effet d'une très-belle rose, formée par ses bords repliés en rond. En un mot, dit un évêque écrivain de l'époque, il paraissait comme détaché de la croix, représentant au naturel le crucifiement de l'Agneau sans tache qui lave les péchés du monde.

Tel est le touchant spectacle dont notre sainte et ses religieuses purent être témoins pendant quelque temps. Claire aurait désiré conserver une de ces précieuses reliques ; elle s'efforça même de tirer le clou d'une des mains, ce qu'elle croyait pouvoir faire parce que la tête s'élevait au-dessus du reste de la chair ; mais il fut impossible d'y réussir. Alors elle trempa un linge dans le sang qui en sortait avec abondance, et prit la mesure du corps dont elle se servit pour faire, au fond de la tribune, une niche proportionnée où l'on peignit l'image du saint.

Ainsi, dit un auteur contemporain, partagées entre la tristesse de sa mort et la joie de sa gloire éternelle, Claire et ses filles baisaient ses mains étincelantes de perles précieuses et de rubis éclatants, c'est-à-dire ses stigmates (1). Puis on éloigna le saint corps de ce lieu, et la porte du monastère se ferma pour ne plus s'ouvrir à de si grandes douleurs.

Claire survécut vingt-sept ans à son père séraphique et put voir les rameaux de son ordre si austère s'étendre en France, en Espagne, en Allemagne, comme en Italie.

Un jour, vingt mille Sarrazins à la solde de l'impie Frédéric II, empereur d'Allemagne, ravageaient la vallée de Spolète, restée fidèle au Saint-Siége ; ils s'approchent d'Assise et assiégent d'abord Saint-Damien, dont ils escaladent l'enceinte extérieure pendant la nuit. Le cœur des pauvres dames fond d'épouvante, selon l'expression de saint Antonin ; elles se réfugient autour du lit

(1) Renouville a fait un beau tableau de sainte Claire vénérant le corps de saint François. Le prodige de cette stigmatisation est le plus extraordinaire qu'on lise dans la *Vie des Saints* et en même temps le plus authentique (voir les preuves dans l'histoire du saint par le comte de Ségur).

de leur mère malade. Claire ordonne à la sœur Françoise de Colle-Mezzo et à la sœur Illuminée de Pise, de la conduire et de la soutenir jusqu'à la porte du monastère, et fait porter devant elle le très-saint Sacrement; là, prosternée la face contre terre, elle s'écrie avec larmes : « O mon Seigneur Jésus, voudrais-tu donc abandonner aux mains de ces barbares tes bien-aimées servantes, que tu as nourries jusqu'ici du lait de ton amour ? Ah ! que ta miséricorde conserve pures ces pauvres vierges que je ne puis défendre moi-même ! Ne livre pas aux bêtes féroces des âmes qui confessent ton nom, mais garde celles que tu as rachetées de ton sang ! » Elle priait encore, lorsqu'elle entendit sortir du saint Ciboire comme la voix argentine d'un petit enfant qui disait : « Je serai votre salut. » Animée d'une nouvelle confiance : « Mon très-clément Seigneur, ajouta-t-elle, je te prie encore pour Assise notre patrie, qui nous nourrit pour ton amour. » Et la voix céleste répondit : « Ta patrie aura beaucoup à souffrir, mais je la défendrai. » Alors Claire dit à ses filles : « Plus de pleurs ! Foi et espérance ! La victoire est à nous ! » En même temps elle se lève transportée par l'Esprit divin; elle paraît sur les murailles, elle montre le Ciboire aux infidèles, et une terreur subite s'empare des assiégeants. Ceux qui, plus audacieux, allaient bientôt s'introduire dans l'enceinte intérieure, tombent comme aveuglés par les rayons éblouissants d'une lumière céleste; ceux qui se disposaient à les suivre, effrayés par leur chute, prennent la fuite ; Assise et Saint-Damien sont sauvés. On n'entend plus dans la ville que des cantiques de joie, semblables à ceux dont retentissait Béthulie après la mort d'Holopherne. Mais ce n'était là que le premier miracle de la nouvelle Judith. Peu de temps après, un capitaine de Frédéric II, Vitalis d'Anversa, ramena les bandes sarrazines pour assiéger Assise, jurant qu'il ne partirait que lorsqu'il serait maître de la ville. Claire se fait apporter de la cendre, en couvre sa tête, en répand sur le front des Pauvres Dames, et leur dit :

« Allez à présent, mes filles, présentez-vous en cet état devant Notre-Seigneur Jésus-Christ. Pleurez, gémissez devant lui, et dans votre anéantissement conjurez-le de délivrer vos concitoyens. »

Claire se prosterne la première; Dieu se laisse fléchir par les prières de l'innocence. Au lever du soleil, les païens voient leurs nombreux bataillons dispersés comme la poussière, leurs tentes renversées, leurs drapeaux traînés dans la boue ; ils sont obligés de battre en retraite ; la justice divine poursuit Vitalis, qui ne se sauve que pour périr misérablement peu de temps après (1).

Comment redire en peu de mots les mille autres traits de cette admirable vie?

Sainte Claire avait une ardente dévotion aux mystères de la naissance et de la passion du Sauveur. Une nuit de Noël, malade et au lit, tandis que ses filles étaient à l'église, elle disait : « Mon Jésus, vous me privez donc des douceurs dont jouissent les autres réunies autour de votre Crèche? » Et aussitôt Celui pour lequel il n'y a point de distance lui ouvrit les yeux et les oreilles; elle entendit les Frères Mineurs chanter l'office; elle vit dans une extase l'étable de Bethléem, et quand ses filles revinrent, elle leur dit en souriant : « Béni soit mon Jésus qui ne m'a point délaissée! » C'est saint François qui avait inspiré à sa fille spirituelle cet amour de la Crèche, lui qui voulait qu'au jour de Noël on jetât du blé par les rues et lés champs pour les oiseaux, et qu'on garnît d'abondant fourrage la crèche de l'âne et du bœuf, entre lesquels naquit le Sauveur. Avant de mourir, il eut la joie de donner, la nuit de Noël, une grande fête à laquelle il convia les animaux. C'était dans la forêt de Grecio, qui était illuminée. On avait préparé une étable avec un âne et un bœuf vivants; l'autel du sacrifice c'était la crèche (2). Le saint, qui ne fut jamais que diacre, chanta l'évangile et prêcha sur la naissance du Christ. En nommant l'enfant de Bethléem, il bêlait comme un agneau; en prononçant le doux nom de Jésus, il léchait ses lèvres comme s'il eût savouré du miel, dit Thomas de Celano, et un des assistants, le seigneur Velita, qui avait préparé la fête, vit dans la crèche un enfant d'une ravissante beauté qui dormait et que le saint embrassait. La paille, sur laquelle l'enfant parut couché, eut la propriété de guérir les maladies.

Les mortifications de sainte Claire étaient extraordinaires; elle portait alternativement trois cilices : l'un était en cordes de poils de chameau tressés avec des nœuds, c'est celui que les Pauvres-

(1) Cette délivrance eut lieu le 22 juin 1234 : Assise ne l'a point oublié. Tout le peuple reconnaissant s'engagea par vœu à célébrer chaque année une fête en mémoire de sa délivrance miraculeuse; et, en effet, chaque année, à pareil jour, le clergé, les magistrats et les diverses confréries de la ville se rendent processionnellement au couvent de Saint-Damien pour y assister à une messe solennelle d'action de grâces.

(2) C'est depuis saint François qu'on a pris l'habitude de représenter la crèche dans les églises, le *presepio*, comme on dit en Italie.

Les Frères-Mineurs sont célèbres par ces pieuses représentations. Les Franciscains de Terre-Sainte établis à Paris, rue des Fourneaux, ont un fort beau *Presepio* dans leur église bâtie à l'imitation de l'église du Saint-Sépulcre.

Clarisses de Marseille possèdent; l'autre était formé du cuir grossier d'un vil animal dont les soies courtes et piquantes entraient dans sa chair meurtrie et la déchiraient; le troisième, plus lourd encore, était de crins de cheval mêlés avec des nœuds qu'elle serrait autour de son corps avec de grosses cordes : c'est celui que la jeune sœur Agnès de Spello essaya vainement de porter elle-même, et que les religieuses d'Assise conservent aujourd'hui.

Qui pourrait énumérer les miracles que sainte Claire opérait avec le signe de la croix? Saint François lui envoyait des malades à guérir. Puis-je vous décrire les effrayantes austérités au milieu desquelles brillait sa douce gaieté, comme une fleur au milieu des épines? Son amour de l'humilité et de la pauvreté la fit appeler, par Alexandre IV, la *duchesse des humbles*, la *princesse des pauvres* (1). Elle disait à ses filles de s'abriter dans le petit nid de la sainte pauvreté. Elle conjura Grégoire IX de ne rien changer à ce privilége de cette très-étroite pauvreté qui empêchait son monastère de rien posséder.

On ne la vit jamais lever la paupière que pour demander la bénédiction du pape, et alors seulement on vit la couleur de ses yeux, qui étaient de la couleur du ciel. Les souverains pontifes Grégoire IX et Innocent IV lui adressèrent des lettres et vinrent la visiter à Saint-Damien. Un jour qu'elle priait Innocent IV de bénir la table du réfectoire, le pape lui ordonna de la bénir elle-même ; pleine de confusion, mais fille d'obéissance, elle se mit à genoux et fit sur la table le signe de la croix, qui s'imprima miraculeusement sur chacun des pains qu'on y avait déposés.

Consumée depuis vingt ans d'une fièvre lente, Claire touchait à la fin de son martyre terrestre. A cette nouvelle, Innocent IV se rend à Saint-Damien; elle lui demande l'indulgence plénière. « Que je serais heureux, s'écrie le saint-père, si mon âme n'avait pas un plus grand besoin de pardon ! » Après avoir reçu le viatique, la sainte dit à ses compagnes :

« Louez Dieu, mes très-chères filles, des grands bienfaits qu'il lui a plu de m'accorder aujourd'hui. Le ciel et la terre ne suffiraient pas pour les reconnaître. J'ai reçu mon Seigneur et mon Dieu, et j'ai mérité de voir son vicaire. »

« Allons, mon âme, ajouta-t-elle, sache que tu as un bon viatique qui t'accompagne, un guide excellent pour te montrer la voie. Ne

____

(1) Bulle de canonisation.

crains rien, sois tranquille, car Celui qui est ton Créateur t'a sanc-
tifiée et a toujours veillé sur toi avec le tendre amour d'une mère
pour son enfant. Vous, ô Seigneur ! soyez béni de ce que vous
m'avez créée. » La sœur Anastasie la conjure de lui dire à qui elle
parle d'un air si affectueux. « Fille chérie, répond l'auguste
vierge, je parle à mon âme bienheureuse. » Puis se tournant vers
la sœur Aimée, sa parente : « Vois-tu, lui dit-elle, ô ma fille! le Roi
de gloire que je contemple ? » Et aussitôt la main du Seigneur
ouvrant les yeux de ces âmes pures, une des religieuses aperçut
une procession de vierges célestes vêtues de blanc, ayant la Reine
du ciel à leur tête. C'était la nuit du 10 août 1253. Claire mourut
ainsi, si c'était là mourir !

Innocent IV assista à ses funérailles, et au lieu de l'office des
morts, le pape voulut qu'on chantât l'office des vierges. Assise
réclama le corps de son illustre fille ; il fallut donc quitter Saint-
Damien et transporter le corps dans la ville, à l'église de Saint-
Georges. C'était là que saint François avait été formé à l'étude des
lettres chrétiennes, et qu'il avait prêché devant Claire ; c'était là
qu'il avait reposé quelque temps, jusqu'au jour où la piété des
peuples lui eut élevé un sanctuaire digne de sa sainteté.

Saint-Damien est resté tel qu'il était au temps de sainte Claire,
avec l'humble chapelle, le chœur grossier, tout en bois, le réfectoire,
le dortoir; on y montre la petite fenêtre par où la sainte montra
le Saint-Sacrement aux Sarrazins ; on y conserve le ciboire miraculeux (1), le bréviaire manuscrit de sainte Claire, la cloche dont elle se
servait pour appeler ses sœurs aux exercices de la communauté,
un petit calice dans lequel elle prenait, après la sainte communion,
l'ablution qu'on lui présentait selon l'usage du temps, enfin un
grand reliquaire qui lui fut donné par Innocent IV.

Il est doux pour le pèlerin de reposer dans ces petites cellules si
humbles, si recueillies, et de rompre le pain de l'hospitalité dans
le même réfectoire et sur la même table où mangeaient Claire et
ses sœurs.

Depuis que les Pauvres-Dames ont suivi à Assise le corps de leur
fondatrice , Saint-Damien fut occupé par les Frères Mineurs

---

(1) C'est une pyxide d'ivoire, garnie d'argent, et renfermée dans une cassette d'i-
voire d'un curieux travail. Le 19 septembre 1832, on retrouva cette relique doublement
précieuse dans les murs de la cellule de sainte Claire, avec un linge très-fin qu'on
supposa être le corporal dont elle se servit pour soutenir le ciboire. — C'est en
mémoire de ce prodige que les artistes chrétiens offrent à notre vénération sainte
Claire portant le très-saint Sacrement.

riformati, mais ces fidèles gardiens de tant de souvenirs sacrés n'ont pas trouvé grâce devant les vandales du XIX° siècle.

Sainte Claire fut canonisée par Alexandre IV (1). A peine son corps était-il déposé dans l'église de Saint-Georges, que les Assisiens résolurent d'élever une basilique à leur illustre compatriote, devenue leur nouvelle patronne. Sur les ordres et aux frais du pape, Fra Filippo da Campello, architecte franciscain, associé à Jacques l'Allemand dans la construction de l'église de Saint-François, éleva une double église plus vaste et plus belle, l'une intérieure pour les filles de Sainte-Claire, l'autre extérieure et destinée à recevoir les reliques, objet de tant d'amour et de vénération. L'édifice fut achevé en 1260, et le 3 octobre, veille de la fête de saint François, fut le jour choisi pour le nouveau triomphe de sa fille première-née. Alexandre IV invita les évêques de la province d'Assise à cette translation solennelle, et Clément IV consacra le maître-autel de l'église qui prit le nom de Sainte-Claire.

On apporta auprès de notre Claire le corps de la bienheureuse Agnès, sa sœur, et des bienheureuses Aimée, Benoîte et autres vénérables imitatrices de sa sainteté. Allons enfin visiter cette vénérable église, en répétant ces vers du grand poète tertiaire Lope de Vega, dans son ode à saint François : « Votre Ordre est un ciel dont vous avez été le soleil, et vous voulez que ce soleil ait pour lune et pour compagne Claire, plus claire encore que son nom :

> Cielo es vuestra Religion
> Y como sol haveis sido,
> Quereis que haya luna Clara
> Mas que su mismo appellido.

(1) Comment rendre en français l'énergie du texte de la bulle? « Clara claris præclara meritis, magnæ in cœlo claritate gloriæ ac in terra miraculorum clarè claret. Claræ hujus arcta et alta religio hic coruscat ; hujus sursum æterni præmii radiat magnitudo, hujusque virtutis magnifica mortalibus illucescunt. » (*Bull. canonisat.*)

VI

Les Pauvres-Dames.

> Filles du saint pauvre d'Assise,
> Elles embaumèrent l'Eglise
> Du pur encens de leurs vertus,
> Et notre siècle encore admire
> Leur pénitence et leur martyre,
> Que pourtant il ne comprend plus.
>
> (Ségur, *Poëme de S. François.*)

Tandis que la basilique de Saint-François s'élève à l'extrémité orientale d'Assise, l'église de Sainte-Claire se trouve à l'extrémité occidentale de la cité, sur une colline appelée jadis *Mons Jani.* Gaetano veut nous montrer près de là des ruines de thermes et d'aqueducs antiques, mais en fait d'antiquités nous voulons en rester à sainte Claire et à saint François, les deux patriarches d'Assise, comme on les appelle ici.

L'église de Sainte-Claire est un grand et bel édifice du xiii⁰ siècle en style ogival; l'architecte était un frère mineur, Fra Filippo de Campello, de Spolète, qui fut aussi chargé d'achever le monastère et l'église de Saint-François. D'énormes contre-forts soutiennent l'église et le couvent de Sainte-Claire, à cause des tremblements de terre. L'intérieur de l'église, sombre et mystérieux, nous rappelle nos cathédrales du nord de l'Europe. Ses fresques ont péri sous l'injure du temps et des hommes; on en a retrouvé des restes sous le badigeon ; c'est la vie de la sainte peinte par Giottino et ses élèves. Près de la chapelle de sa sœur, la bienheureuse Agnès, un pinceau qu'on croit celui de Cimabué a tracé le portrait de sainte Claire en dimensions colossales et tel qu'il est décrit par les historiens. Sa taille est haute (1), son front large, ses traits délicats et majestueux, son nez aquilin, ses lèvres souriantes et vermeilles, son teint rose et pur, ses sourcils et ses cheveux blonds (2).

(1) La longueur de sa tunique, qu'on garde au monastère, et la récente invention de son corps révèlent une taille plus qu'ordinaire. Saint François au contraire était très-petit.

(2) D'un blond très-pâle, dit Locatelli qui a examiné longuement la chevelure de Claire qui lui fut coupée par saint François et qui est gardée au monastère (*Vita di S. Chiara.*)

Le *Santissimo* (le Saint-Sacrement) est toujours exposé sur l'autel majeur. Sous cet autel consacré par Clément IV, le corps de notre chère sainte a reposé pendant cinq cent quatre-vingt-dix ans, profondément enfoui dans un obscur caveau, comme le fut aussi celui de saint François; les habitants d'Assise étaient saintement jaloux de ces deux trésors et les avaient cachés pour mieux s'en assurer la possession. Enfin Pie IX, revenant de Gaëte, céda aux instances des Clarisses contemporaines et leur permit de rechercher le corps de leur mère. Le digne évêque d'Assise, Mgr Louis Landi Vittorj, convoqua les évêques de l'Ombrie pour l'ouverture du saint tombeau, le 23 septembre 1850. On a trouvé Claire et nous la vîmes nous-mêmes, la tête légèrement inclinée, la face tournée vers nous, la main gauche posée sur la poitrine, et la main droite étendue (1). Des feuilles de laurier encore intactes, conservant leur couleur naturelle et la flexibilité du feuillage cueilli tout récemment, ceignaient sa tête virginale, et dans sa main droite on voyait encore les tiges des fleurs qu'on y avait mises comme un symbole de ses vertus. Ce fut une joie universelle, une fête nationale dans la cité séraphique. On porta le saint corps en procession à travers Assise et dans les six monastères de femmes qui avaient sollicité la grâce de le vénérer; puis on le déposa quelque temps dans la basilique du *Sagro Convento*, qui renferme les ossements du patriarche d'Assise. Heureuse pensée ! sainte et mystérieuse visite de la fille à son père, après cinq cents ans de séparation ! A la nuit tombante, on ramena le corps de sainte Claire aux Pauvres-Dames, qui le déposèrent dans leur chœur, sur l'autel du Saint-Crucifix (2) qui est placé de manière à être vu du peuple quand il est dans l'église, et des Clarisses quand elles prient dans leur chœur. C'est là, à travers une grille, que nous avons vu et vénéré ces restes précieux. Les Clarisses ont obtenu l'autorisation de les couvrir d'un habit religieux de la même couleur que celui qu'elles portent elles-mêmes. Le voile monacal est ceint d'une couronne de fleurs blanches; les tapis sur lesquels repose le corps sont jonchés de bouquets; un lis est placé entre le bras droit et la poitrine; les mains, les pieds, la face restent découverts,

(1) Lettre des Clarisses d'Assise, 2 novembre 1850 (Demore).
(2) C'est l'autel sur lequel nous avons vénéré le Crucifix miraculeux qui fit entendre à saint François ces mémorables paroles : *Vade, Francisce, et repara domum meam quæ labitur.*
Cette image de Jésus crucifié est peinte sur un antique panneau de bois.

et la tête même est si bien conservée qu'on pourrait compter les
dents de la sainte.

De nombreux miracles ont signalé l'invention du corps de Claire.
A cette occasion, l'évêque d'Assise fit une vérification juridique
des autres reliques qui sont le trésor des Pauvres-Dames.

« Mes très-douces sœurs, écrivait l'abbesse des Clarisses d'Assise
aux Clarisses de Marseille, nous dépliâmes sur une table, avec tout
le respect que vous pouvez croire, l'habit religieux, le manteau,
le cilice et la tunique intérieure de notre Mère, puis les reliques
de notre saint fondateur ; et pendant cinq heures nous pûmes
rassasier nos yeux et nos cœurs du spectacle touchant de ces précieuses livrées de la pauvreté, de la pénitence et du mépris du
monde. Comme nous baisâmes la tunique grossière de notre Père !
Comme nous considérâmes avidement la chaussure en peau blanche
que notre sainte Mère lui avait faite pour protéger sa marche contre
la douleur poignante des stigmates ! Comme nous recueillîmes
cette charpie qui dut être imbibée de son sang ! Ici, c'est le gros
manteau de laine blanche dont l'évêque d'Assise couvrit les épaules
de saint François lorsque, abandonnant tout à son père Bernardone, il se dépouilla pour n'avoir plus rien de commun avec le
monde : c'est bien ce manteau de serviteur dont parlent les historiens. Là, c'est l'aube dont notre Père se servait quand il exerçait
les fonctions de diacre : encore un ouvrage de notre Mère. Oh ! si
vous voyiez le fini et la délicatesse de ce travail ! Quelle adresse
devait avoir la sainte pour ces sortes de broderies ! Ici, c'est son voile
noir, le même qu'elle portait tandis qu'elle vivait encore dans cette
vallée de larmes. Et ce cilice en crin tressé avec des cordes pleines
de nœuds, qui couvrait toute la taille, avec des manches en laine
pleines d'aspérités, comme il est lourd ! Vous ne pouvez le prendre
sans vous piquer les doigts, ni le baiser sans déchirer vos lèvres.
Voilà pourtant, ô notre Mère, ce que vous portiez sur votre chair
délicate ! Voilà bien de quoi nous confondre !... Et le manteau de
notre Mère, qu'il est aussi grossier, pauvre et pesant !... Et cette
tunique extérieure faite à ouverture comme les nôtres, comme tout
y respire la pauvreté ! La couleur en est semblable à la nôtre ;
mais le col en est très-élevé, parce qu'on ne portait pas alors
le scapulaire qu'on adopta plus tard dans quelques communautés. Les manches en sont serrées et n'ont presque pas de
plis ; cette tunique est si étroite que nous ne savons pas comment
notre Mère pouvait marcher ; du reste elle est d'une longueur

étonnante, preuve de sa très-haute taille.... Et cette tunique intérieure plus pauvre encore ! on pleure rien qu'à la voir : ce n'est qu'un tissu de pièces rapportées les unes aux autres ; on ne saurait en compter le nombre ; il y en a de toutes qualités, fines et grossières ; c'est plutôt un cilice. O mes douces sœurs, comme cette exposition de reliques fut pour nous une éloquente instruction (1) !»

Claire fut pauvre : voilà son portrait le plus ressemblant, voilà pourquoi la dévotion des peuples ne sépare jamais son nom de celui de saint François.

Le corps de sainte Claire n'est que provisoirement dans le chœur des Clarisses ; elle y attend un monument digne d'elle. Les Pauvres Dames ont changé en église souterraine la crypte obscure où leur fondatrice était enfouie. Là, nous avons vu un tombeau magnifique et de bon goût, en marbre blanc et dans le style ogival, mais il n'est pas achevé. Il s'est élevé grâce aux sacrifices des Pauvres-Dames de tous les pays, grâce aux libéralités de Pie IX et de la cour de Naples, chez laquelle la dévotion aux deux patriarches d'Assise est héréditaire. Ce lieu serait devenu un pèlerinage aussi fréquenté que celui de Saint-François, mais hélas! tout ce pieux élan a été arrêté par l'annexion ; les souverains de Rome et de Naples ne peuvent plus faire de royales largesses ; les offrandes particulières n'arrivent plus ; voilà ce qui désole les Pauvres-Dames plus que leur propre misère ; c'est pour achever ce tombeau qu'elles se privent de tout et qu'elles essayent encore de quêter.

L'une d'elles venait de nous montrer le corps de sainte Claire à travers la grille du chœur, à la lueur d'un cierge ; elle avait fait toucher à ces reliques les objets que nous lui avions transmis ; nous lui passâmes aussi le chapelet du vieux Gaetano, qui y tenait beaucoup.

Je dis à la Pauvre-Dame que nous apportions nos offrandes au tombeau de sainte Claire, ainsi que l'offrande dont un ami nous avait chargé. Elle nous répondit, en très-bon français, que la tourière allait nous conduire au parloir, où nous verrions l'abbesse sœur Claire-Colombe Angeli, pour laquelle nous avions des lettres.

Cette Clarisse qui nous parlait a reçu de Dieu une singulière destinée ; elle est née au Brésil, elle a habité Londres et Paris ; et

____

(1) Cette lettre touchante, en date du 8 octobre 1851, est citée dans le livre de M. Demore.

après de grands malheurs, elle est venue prendre le voile à Assise sous le nom de sœur Claire-Louise.

Ce couvent exhale un parfum de pénitence et de pauvreté qui nous pénètre; dans le pauvre petit parloir, derrière la double grille, nous entrevoyons la mère abbesse, accompagnée de la sœur Claire-Louise, toutes deux ensevelies dans leur robe grossière de laine brune, serrée par une grosse corde; un épais voile de bure leur retombe lourdement sur les yeux et sur le nez, de sorte qu'on entrevoit seulement la bouche entr'ouverte et le contour du menton. L'abbesse, sœur Claire-Colombe-Angeli, est âgée; quand j'en parlai au P. Bonelli, mineur couventuel, notre curé des Saints-Apôtres à Rome, il me dit que cette abbesse était une vraie sainte Claire d'effet comme de nom (1). Elle ne parle qu'italien; je lui remis nos offrandes pour le tombeau de sainte Claire.

« *Ohimè !* dit-elle, Dieu sait quand nous pourrons achever le monument de notre fondatrice. Nous ne savons pas seulement si nous ne serons pas bientôt chassées de notre monastère. »

La misère de ces saintes religieuses est extrême. Une des grandes charités de Pie IX est de faire l'aumône aux pauvres couvents de femmes; il a envoyé un don aux Clarisses d'Assise. Elles avaient pour confesseur un chanoine d'Assise, dom Joseph Morichelli, qui, ayant quelque bien, les nourissait de pain d'orge et se privait de tout pour elles. L'évêque étant mort, il y a peu de temps, du chagrin de voir Assise aux mains des nouveaux barbares, le vicaire général ôta ce confesseur aux Pauvres-Dames. L'abbesse, au désespoir, écrit à Rome au P. Bonelli, qui, après avoir fait de vaines démarches, imagine d'envoyer directement au pape la supplique des Clarisses par la petite poste. Cinq jours après, l'abbesse recevait par la poste sa supplique, avec un mot de la main de Pie IX qui ordonnait au vicaire général de laisser leur confesseur aux Pauvres-Dames. Pie IX a fondé une caisse spéciale de secours pour les pauvres religieuses privées de leurs biens dans les provinces enlevées au Saint-Siége, mais hélas! la caisse est vide... le pape vit lui-même d'aumônes.

La Brésilienne, sœur Claire-Louise, nous intéressa vivement; nous remarquâmes sa main blanche et effilée ornée d'une bague, symbole de ses noces mystiques avec le Seigneur Jésus; elle parle

---

(1) Le P. Bonelli arrivait comme nous d'Assise, et il répétait : *Dio vuol bastonare l'Italia*, Dieu veut donner du bâton à l'Italie!

le français avec un accent doux et gracieux. Je lui demandai des détails sur la situation des filles de Sainte-Claire.

« Notre couvent, dit-elle; ne nous appartient plus; il est *inca- méré* et devenu la propriété de la municipalité, qui veut s'y établir. En attendant, on nous a mis ici, pêle-mêle, trois communautés de religieuses, avec des règles et des usages différents; nous vivons avec des Urbanistes (1) et des Bénédictines chassées de leur couvent. Nous sommes cinq religieuses dans chaque petite cellule. On nous a promis par jour à chacune 80 centimes, qui ne nous sont pas payés exactement.

— Je vois, ma sœur, que vous méritez plus que jamais votre nom de *Pauvres-Dames.*

— La très-sainte Pauvreté est notre paradis sur terre; ce n'est pas cela qui nous inquiète; nous ne doutons pas que notre sainte abbesse ne renouvelle au besoin le miracle de sainte Claire pour nous multiplier le pain (2); mais ce qui cause nos angoisses, c'est la crainte perpétuelle d'être expulsées de notre chère retraite. Oh! monsieur, nous ignorons ici tout ce qui se passe. Dites-nous où en sont les affaires d'Italie.

— Elles sont au plus mal.

— Et la France, que j'ai tant aimée, la France ne viendra-t-elle pas à notre secours?

— Non, ma sœur; je suis obligé de vous dire que vous avez tout à craindre et rien à espérer des hommes.

— Ah! monsieur, vous comprenez mes chagrins. Née au Brésil, j'ai traversé l'Océan, j'ai vécu à Paris et à Londres, j'ai franchi la

(1) Les Urbanistes sont des religieuses de Sainte-Claire, qui, tout en observant la règle quant au fond, ne sont point obligées au jeûne perpétuel et peuvent posséder quelques revenus. Elles ont adopté les adoucissements accordés par Urbain IV à la bienheureuse Isabelle, sœur de saint Louis, pour son monastère de Longchamps auquel elle donna le nom touchant de l'*Humilité-de-Notre-Dame.* L'usage des Parisiens était d'aller entendre les offices de la semaine sainte au monastère de Longchamps ; après sa suppression pendant la révolution, on remplaça cette dévotion par la promenade aux Champs-Elysées, dite de Longchamps, le jour du vendredi saint.

(2) Un jour le pain manqua au moment où les *Pauvres-Dames* allaient se mettre à table. Claire appelle la sœur Cécile de Spello, qui était économe du monastère; elle lui commande de partager en deux le seul pain qui reste, d'en envoyer une moitié aux Frères Mineurs qui habitent hors de l'enceinte de la maison, de diviser l'autre moitié en autant de parcelles qu'il y a de sœurs à nourrir, et de faire sonner le repas comme à l'ordinaire. La religieuse lui dit : « Mais, ma Mère, pour faire tant de parts d'un morceau de pain, il faudrait que la main puissante du Seigneur renouvelât à notre égard les merveilles qu'il opéra jadis en faveur de son peuple! » La sainte abbesse se contenta de lui répondre : « Pourquoi douter, ma fille? Allez, et faites avec foi ce que je viens de vous dire. » L'humble fille obéit. La Sainte va se mettre en prières; le pain se multiplie entre les mains de la sœur Cécile: cinquante religieuses en mangent et sont pleinement rassasiées. (Demore, *Vie de Ste Claire.*)

Méditerranée pour aller à Rome, et de là à Assise, où j'ai cru m'ensevelir à jamais dans ce cloître, avec la douce certitude de mourir à genoux au pied du tombeau de sainte Claire, et maintenant on nous menace de nous en arracher ! Qu'on nous mette plutôt en morceaux, mais qu'on laisse nos restes dans notre monastère ! »

En l'écoutant, je croyais entendre cette belle Piccarda que Dante vit au Paradis, et qui était aussi une religieuse de Sainte-Claire :

> Io fui nel mondo vergine sorella ;
> E, se la mente tua ben mi riguarda
> Non mi si celera l'esser più bella (1).

La sœur Claire-Louise s'interrompit un instant. Elle reprit avec vivacité :

« En quoi de pauvres recluses comme nous peuvent-elles empêcher l'Italie de s'unifier et de se régénérer, comme on dit? nous sommes prêtes à tout souffrir, à tout accepter, pourvu qu'on nous permette de rester auprès de notre trésor, auprès du sépulcre de notre sainte Mère ! »

Nous entendions les sanglots soulever le voile épais des deux Pauvres-Dames, et nous étions émus jusqu'au fond de l'âme.

Le religieux expulsé de son couvent peut aller ailleurs ; il est prêtre, il est homme ; mais une religieuse, que peut-elle devenir, quand elle est si loin de sa patrie, comme cette Brésilienne? Je la comparais à une de ces colombes apprivoisées qui vivent heureuses dans leur prison, et qui meurent de misère et de chagrin quand on prétend leur donner une liberté dont elles ne veulent point (2).

« Ma sœur, lui dis-je, priez sainte Claire, qui a sauvé deux fois Assise de l'invasion musulmane, priez-la de protéger encore son monastère, et, à son exemple, prenez dans vos mains le *Santissimo* pour faire fuir les nouveaux Sarrazins, s'ils veulent escalader encore l'enceinte sacrée de votre clôture ! »

L'abbesse et la sœur Claire-Louise nous remercièrent, et nous rappelèrent que dans la bulle qui accorde aux Clarisses le privilége de la *très-haute pauvreté*, le pape Innocent IV dit : « Ceux qui vous aimeront en Jésus-Christ, vous et votre Ordre, qu'ils aient la sainte

----

(1) *Parad.* c. III.

(2) Lorsqu'en 1811 le nouveau roi de Westphalie, Jérôme Bonaparte, supprima les couvents de son royaume, la sœur Emmerich, religieuse du couvent d'Aquetenberg qui fut stigmatisée comme saint François, disait que la séparation de l'âme avec le corps lui paraissait quelque chose de plus facile que sa séparation d'avec le lieu où elle s'était donnée au Fiancé céleste par les saints vœux de religion. (*Vie de Anne-Catherine Emmerich*, par le P. Schmœger.)

paix de Dieu, et qu'au jour du jugement ils trouvent la récompense de la béatitude éternelle. »

Nous nous éloignâmes, mais à peine avais-je franchi la porte du monastère, que la tourière courut après moi pour me dire que la sœur Claire-Louise désirait encore me parler. Je revins au parloir.

« Oserai-je, monsieur, me dit-elle, vous charger d'une commission ? voici cette petite boîte, qui contient un Jésus en cire que nous voudrions envoyer à nos sœurs les Clarisses de Poligny en France ?

— Je serai trop heureux, ma sœur, de vous être bon à quelque chose.

— Que Dieu vous remercie pour nous, monsieur, je vous enverrai ce soir cette boîte à l'*albergo del' Leone.*

— Adieu donc, ma sœur, si nous ne nous revoyons plus en ce monde, priez Dieu pour que nous puissions nous revoir en lui !

— Adieu, monsieur ; je vous offre la seule chose dont je puisse disposer, mais c'est la plus grande chose de ce monde : je vous donne ma communion de demain. »

Je m'en allai tout ému de pitié pour les Pauvres-Dames, et de colère contre leurs persécuteurs.

Peut-être, à l'heure où je retrace ces souvenirs, les Pauvres-Dames d'Assise sont-elles chassées du tombeau de Sainte-Claire. Ainsi donc en ce moment l'Italie, la mère des saints, l'Espagne, la mère des héros, s'acharnent contre les ordres monastiques et les traitent comme des ennemis, comme si c'étaient des Turcs ou des Mores ! Et pourtant ce sont les ordres religieux qui ont formé l'Italie depuis saint Benoît, ce sont eux qui ont défendu l'Espagne contre les Mores et contre Napoléon !

Les filles de Sainte-Claire jeûnent tous les jours, et quatre fois la semaine au pain et à l'eau ; elles gardent le silence et couchent sur une planche.

Voilà ces délices dont les Pauvres-Dames craignent tant d'être privées, ces délices qui font ombrage aux tyrans de l'Italie ! Qu'ils sont stupides et méchants ceux qui veulent détruire ces monastères, sanctuaires de toutes les vertus, asiles de toutes les mortifications, tombeaux de toutes les convoitises qui bouleversent le monde, autels du sacrifice volontaire qui désarme la justice vengeresse de Dieu, et suspend par tant de pénitences et de mérites la foudre prête à frapper les peuples coupables qui ont mérité d'avoir de tels gouvernements !

VII

Le Sagro-Convento.

A son aspect, François, de désir enflammé,
Le cœur brûlant d'un feu par Dieu même allumé,
Pour la suivre en tous lieux d'une marche plus sûre,
Rejette son bâton, dépouille sa chaussure,
Ceint ses reins amaigris d'une corde à gros nœuds,
Et devant Dieu, témoin et garant de ses vœux,
Levant au ciel ses yeux où l'amour étincelle,
Il prend la Pauvreté pour épouse immortelle.

O mariage saint, digne d'être chanté
Par la terre et le ciel, épris de sa beauté !
Ce jour-là, tout le ciel descendit sur Assise,
Et l'ordre des Mineurs prit naissance en l'Eglise !

(SÉGUR, Poëme de S. François.)

Gaetano nous attendait à la porte du couvent, causant avec la tourière, et appuyé sur son bâton, avec toute la majesté d'un patriarche hébraïque parlant aux filles de Madian au bord du puits de Jacob.

« Maintenant, Gaetano, nous avons rendu nos hommages à sainte Claire, livrons-nous tout entiers à saint François.

— Oui, seigneur ; mais d'abord il est de mon devoir de vous faire visiter la ruine antique la plus remarquable de notre illustre cité, le temple de Minerve.

— Nous n'avons pas le temps, Gaetano ; puis, à vrai dire, je me soucie peu de ces restes du paganisme ; allons tout droit au Sagro-Convento. »

Gaetano fut stupéfait de notre dédain envers l'antiquité ; pour l'acquit de sa conscience et sans m'en prévenir, il nous fit faire un détour pour nous mener sur la place du Marché ,où s'élève le portique du temple de Minerve qui sert maintenant d'entrée à l'église de Sainte-Marie de la Minerve. Ce portique est, en effet, un assez joli morceau. Gœthe, le poëte païen de l'Allemagne, en parle avec admiration dans son voyage d'Italie ; il fit tout exprès, en 1786, l'excursion d'Assise pour contempler le temple de Minerve, sans daigner accorder un coup d'œil à l'art catholique qui brille en traits ineffaçables dans les monuments franciscains d'Assise (1). Gœthe considérait cette ville, non comme la patrie de saint François, mais comme la patrie de Properce et de Métastase, deux poëtes élégants, mais cent fois moins poétiques que saint François.

Dans l'église de la Confraternité de Sainte-Catherine, on voit à l'extérieur une Madone, peinte par Martinelli (1422) ; dans l'intérieur, des scènes de la vie de saint Jacques, par Matteo da Gualdo et Piet. Ant. da Fuligno.

Avant d'aller prier au tombeau de saint François, visitons d'abord son berceau. Comme celui de l'Homme-Dieu, ce berceau est une étable: Picca, la mère de saint François, était en proie à de grandes douleurs, quand un pèlerin vint à sa porte demander l'aumône, et quand il l'eût reçue il dit : « Qu'on porte cette dame dans l'étable la plus proche, là seulement elle sera délivrée. «Picca s'y fit transporter et accoucha heureusement ; l'enfant fut mis sur la paille, circonstance qui peut être regardée, dans l'ordre des desseins de Dieu, comme la première des conformités du saint avec Jésus-Christ, autant que la créature peut devenir conforme au Créateur (2).

Cette étable, convertie en oratoire, s'appelle *San Francesco-il-Piccolo* (Saint-François-le-Petit) ; on y lit cette inscription :

Hoc oratorium fuit bovis et asini stabulum
In quo natus est Franciscus mundi speculum.

« Cette chapelle a été l'étable du bœuf et de l'âne, où est né François, le miroir du monde. »

La cathédrale d'Assise, dédiée à saint Rufin, date du xiiᵉ siècle, mais s'est malheureusement modernisée au xviᵉ ; on nous y montre les vieux fonts baptismaux sur lesquels sainte Claire et saint François ont été régénérés. Une antique inscription rappelle ce doux souvenir. Au moment du baptême de saint François, un inconnu se présenta pour servir de parrain. Son extérieur grave et mo-

(1) Gœthe disait que les deux choses qu'il détestait le plus c'étaient les puces et les cloches catholiques. Il écrivait dans une de ses lettres datées de Rome : « Je n'ai pu m'empêcher d'acheter une tête colossale de Jupiter; elle est en face de mon lit et convenablement éclairée, afin que je puisse lui adresser ma prière du matin, *Morgen-andacht*. Comment un pareil païen aurait-il pu comprendre quelque chose à la cité séraphique?

(2) Au xviᵉ siècle Barthélemy de Pise, franciscain, publia en latin un livre intitulé: *Le livre d'or* ou livre des *Conformités* de la vie du séraphique père saint François avec la vie de Jésus Notre-Seigneur.

deste le fit accepter. Mais aussitôt après la cérémonie, il disparut, laissant l'impression de ses genoux sur un marbre que l'on conserve précieusement.

— *Ecce la casa paterna di San Francesco*, nous dit Gaetano, en se découvrant la tête. Sur l'emplacement de la maison du marchand Bernardone, un roi d'Espagne, Philippe III, éleva en 1612 une église qu'on appelle la *Chiesa nuova* (l'Eglise-Neuve). L'inscription rappelle avec justice la piété du descendant de saint Ferdinand. Cette église et le petit couvent qui y touche étaient jusqu'ici sous la protection de la couronne d'Espagne, ce qui a permis aux FF. Mineurs d'y rester sous leur habit franciscain et d'éviter une spoliation ; mais l'Espagne vient de se mettre elle-même à spolier les religieux, et elle n'a plus le droit de les protéger en Italie. L'Église-Neuve a cinq coupoles, à l'imitation des églises grecques. Elles ont été construites en mémoire des cinq Stigmates de saint François. Cette église conserve encore quelques murailles de l'ancienne maison de Bernardone.

Un très-vieux frère mineur, couvert d'une robe brune en lambeaux, nous montre l'ancienne porte, dont les débris sont soutenus par des cercles de fer; on a aussi conservé l'horrible dessous d'escalier, sorte de cabinet noir où Bernardone enferma son fils en punition de ce qu'il avait vendu son cheval et ses marchandises pour réparer l'église de Saint-Damien. Nous trouvons là une statue peinte du saint enfant, à genoux, les mains jointes, demandant pardon à son père. Cette statue est journellement couverte de fleurs et de baisers.

O marchand Bernardone, tu ne te doutais pas de la gloire future de cet enfant que tu mettais en pénitence pour un acte d'amour de Dieu ! Nous regrettons de n'avoir pas le temps d'aller à l'ermitage de Sainte-Marie des Prisons, *delle Carceri*. C'est un couvent au nord d'Assise, à près d'une lieue, dans les flancs du mont Soubazio. Ce sont des cellules, où plutôt des grottes cellulaires creusées dans les entrailles des rochers, ou formées par leurs déchirures naturelles, qui servirent d'habitation à saint François et à ses premiers disciples. Ils appelaient Couvents l'ensemble de ces cavernes sauvages; plus tard, on leur donna le nom plus juste de Prisons. On y voit le lit du saint creusé dans le roc, et un arbre sur lequel, à son signal, les oiseaux venaient se poser pour chanter avec lui les louanges de leur Créateur. Près du couvent un torrent troublait du bruit de sa chute l'office des Frères, et les eaux, en se répandant avec trop de violence dans la plaine, nuisaient aux récoltes. A la prière du saint, les eaux, sans cesser d'affluer au pied du couvent, tombèrent sans bruit et sans se répandre dans les terres.

Ce qu'on appelle le *Fosco delle Carceri* est un ravin, ordinairement à sec. Quand l'eau des montagnes, qui a d'autres issues, vient à couler par ce ravin, c'est un signe que de grands malheurs vont fondre sur l'Italie.

« Saint François l'a prédit, disait Gaetano ; or, l'eau y coule en abondance depuis le jour et l'heure où Victor-Emmanuel a mis le pied sur le territoire pontifical à Monte Gualandra le 30 janvier. »

Nous traversons Assise dans toute sa longueur. Ses rues escarpées et silencieuses sont bordées de maisons des xiv⁰ et xv⁰ siècles peintes à l'extérieur; on y voit des madones, mais surtout le souvenir de sainte Claire et de saint François.

« Les rues d'Assise, avec leurs fresques antiques, annoncent la présence de l'église sépulcrale par les souvenirs qu'elles rappellent. Quel que soit le sujet particulier de ces peintures, on voit qu'elles sont là toutes à l'occasion du tombeau de saint François, et que ce monument a toujours été le centre auquel se sont attachés tous les artistes d'Assise. Cimabué et Giotto, ces deux aigles de la peinture, s'étaient posés sur cette humble tombe ; et, derrière eux, de nombreux élèves se rendirent successivement et se pressèrent sur ce point où leurs illustres maîtres avaient fixé leur vol. Ceux-ci avaient réservé pour eux-mêmes les murailles de la basilique, leurs disciples s'attachèrent à l'embellissement des rues de la ville (1). »

A chaque pas nous trouvons un sanctuaire; voici le monastère de Saint-Apollinaire, dont fait partie le couvent de Saint-Paul où saint François conduisit d'abord sainte Claire, à l'extrémité orientale de la ville, près des vieux murs d'enceinte flanqués de tours crénelées. Au-dessus des grands débris de la citadelle féodale, on voit l'humble couvent des Capucins, dont on reconnaît partout l'austère simplicité.

Douze couvents d'hommes et de femmes, appartenant aux quatre branches de la grande famille franciscaine (2), s'élèvent

(1) Étude sur les monuments franciscains d'Assise insérée par M. l'abbé Riche à la suite de sa traduction des *Fioretti*, ou petites fleurs de saint François.

(2) Conventuels, Observantins, Capucins, Clarisses. Parmi les six couvents de femmes, il y avait (car ils n'existent plus depuis l'annexion) le couvent *del Giglio*, des reli-

comme autant de tentes à l'ombre de la basilique et près du pavillon patriarcal sous lequel repose leur Père. *Assise* tout entière a l'aspect d'un vaste monastère, plein de silence et de paix. Tous ses couvents, tous ses monuments, tous les souvenirs franciscains sont placés comme autant d'arcs de triomphe le long des chemins qui conduisent au tombeau du patriarche d'Assise.

Enfin nous gravissons une pente assez rude, entourée de portiques, à l'usage des pèlerins qui y couchent les nuits des fêtes, et nous voici sur la colline du Paradis, jadis la colline d'Enfer, le lieu des exécutions. En place de ce peu de terre que saint François mourant demandait dans ce lieu déshonoré, une ville tout entière est devenue son mausolée, une triple basilique a recouvert ses ossements.

« Les infâmes gibets furent remplacés par les chefs-d'œuvre de l'art. Au lieu des cris sinistres des suppliciés, on entendit les plus douces mélodies; et le bourreau fit place au Génie, à genoux aux pieds de la Sainteté (1). »

La colline du Paradis est située à l'orient d'Assise, et nous rappelle ces vers de Dante sur la naissance de saint François :

« De cette colline, là où la pente devient moins roide, naquit au monde un soleil comparable au nôtre, qui semble parfois sortir du Gange. Or, que celui-là qui veut parler de ce lieu ne l'appelle pas *Assise,* car ce nom dirait trop peu ; mais qu'il l'appelle *Orient*, s'il veut employer le mot propre (2). » Cette hyperbole qui nous étonne, dit Ampère, n'est pas trop forte pour exprimer l'enthousiasme qu'inspira au moyen âge cet héroïsme du renoncement.

Grégoire IX ordonna à frère Élie de bâtir une basilique à saint François. Le trésor pontifical fut vidé pour la construction du monument. La révolte de l'empereur Frédéric II rendait les temps

gicuses tertiaires régulières appelées les *Poverettes*, situé près du grand couvent de Saint-François. La dernière prieure, morte depuis peu de temps, était une femme gigantesque vivant dans ce cloître depuis l'âge de trois ans, et morte très-âgée. Elle s'appelait sœur Paola, et savait tout saint Paul par cœur, par la raison, disait-elle, qu'il était son patron.

(1) Étude sur les monuments franciscains d'Assise par M. l'abbé Riche.

(2)
   Di quella costa, là dov' ella frange
    Più sua rattezza, nacque al mondo un sole
    Come fa questo tal volta di Gange.
   Però chi d' esso loco fa parole
    Non dica Ascesi, che direbbe corto,
    Ma Oriente, se propio dir vuole.
       (Parad. c. XII.)

calamiteux pour le Saint-Siége. Après avoir largement contribué de ses propres deniers, le pontife fit appel aux fidèles, leur accordant des indulgences et des grâces pour chaque offrande. Trois ans suffirent à l'achèvement de la basilique ; elle semble moins avoir été bâtie que s'être élancée du sol, et renferme plus de merveilles que de pierres. Un pape pauvre, une époque calamiteuse, un Ordre indigent, un peuple en proie aux persécutions du schisme, une nation désolée par le passage des armées, sans ressources fixes, sans aucun moyen assuré pour combler un gouffre de dépenses, tels furent, en cette occasion, les trésoriers de Dieu.

La basilique s'étend en partie sur les excavations de la colline du Paradis, et en partie sur son sommet. Les excavations furent faites dans le roc vif. On employa un nombre d'ouvriers assez considérable pour arracher du sol une montagne énorme, et pratiquer ainsi un vide que devait remplir de sa magnificence le tombeau de saint François (1).

Nous voici au *Sagro Convento* et devant la basilique ogivale à triple étage (2). De la plate-forme à gauche, nous contemplons la plaine et le dôme de notre chère Sainte-Marie-des-Anges, et au delà la ligne bleuâtre des montagnes de l'Ombrie, dorées par le soleil. L'extérieur du couvent, hardiment et solidement bâti sur le rocher, ressemble à une immense forteresse, avec ses créneaux, ses arceaux de briques, ses terrasses et ses cloîtres suspendus sur des arcs d'une prodigieuse élévation, qui nous rappellent ces aqueducs à double voûte de la Campagne romaine (3).

En face de nous s'élève le portail ogival à deux portes à rosace de la triple basilique, bâtie, peinte, sculptée, ornée par le génie chrétien.

A gauche est le clocher et une *loggia* de style plus moderne. Le petit *zoppo*, qui nous suit comme une ombre, court pour nous faire ouvrir une des portes, tandis que Gaetano reprend haleine

---

(1) Voir *Sacri conventus Assisiensis Historia* ; cet ouvrage est du Père maître François-Ange-Marie de Rivotorto.

(2) La basilique et le couvent furent entièrement achevés et consacrés par Innocent IV en 1243. Le monastère fut appelé de ce jour le *Sagro-Convento*, le Couvent Sacré par excellence.

(3) « Dans cet ensemble, il y a tout à la fois quelque chose du château d'Atlant et du palais d'Armide ; le voyageur va d'enchantement en enchantement, dit M. Delecluze. Je partage son enthousiasme, mais je m'étonne de ces comparaisons. Rien dans l'aspect sévère du *Saint Couvent* ne me rappelle les palais fantastiques du Tasse et de l'Arioste. »

appuyé sur son bâton d'olivier. Un frère conventuel nous ouvre la porte, mais en quel état ! On l'a dépouillé de son froc, comme de son couvent ; il est revêtu d'une vieille souquenille noire, vêtement de deuil et de misère. Il est le seul habitant de cet immense couvent qui pouvait contenir mille moines.

« Nous étions, me dit-il, soixante-quatre religieux.

— Que sont devenus vos frères ?

— Ils se sont dispersés je ne sais où ; ceux qui étaient d'Assise se sont retirés dans leurs familles ; il y en a ainsi une douzaine encore dans la ville, et on en tolère quelques-uns dans la partie du couvent qui servait d'infirmerie. Mais on a exclu notre supérieur, le R. P. Sérafini, homme ferme et décidé qui gênait le syndic. »

C'est sous ces tristes impressions que nous avons pénétré dans la basilique supérieure dont l'état d'abandon n'était pas fait pour nous consoler. Les vitraux brisés laissent entrer la pluie et la neige, fréquente dans nos montagnes. Il nous est pénible de dire que, lors de l'invasion des Français au dernier siècle, l'église devint une écurie, mais elle avait été restaurée depuis.

Les admirables fresques qui couvrent les murs, déjà altérées par le temps, disparaîtront bientôt par la faute des prétendus régénérateurs de l'Italie ; *tempus edax, homo edacior* ; mais oublions un instant la triste époque où nous vivons pour contempler le *Sagro Convento* dans toute sa splendeur passée.

Le sépulcre de saint François, agrandi et élevé vers le ciel par la vénération populaire, s'est bientôt transformé en une triple basilique. Tout au fond, sur la tombe du saint creusée dans le rocher, se cache l'église sépulcrale. Au-dessus d'elle est l'église souterraine et monastique, grave et sombre, où les Frères Mineurs officiaient autrefois ; au-dessus enfin s'élance dans les airs l'église supérieure qui porte la prière plus près du ciel ; c'est la basilique du peuple et des pèlerins, vaste et brillante, pleine de lumière et de peintures, symbole de la vie éternelle décernée à la sainteté.

A peine saint François fut-il mort que son successeur, le frère Elie, demandait à l'empereur d'Allemagne de lui envoyer le célèbre architecte Jacques l'Allemand, que les Italiens appellent Lapo, lequel construisit les deux églises superposées. L'église supérieure est un beau vaisseau à voûte ogivale, orné de vitraux. Après l'architecture, la peinture fut appelée dans ses plus illustres représentants, Giunta de Pise, Cimabué, Giotto, pour orner les murs de ces deux églises. Le génie de Giotto le destina à peindre la vie de saint François : il représenta dans la nef de l'église supérieure la grande épopée franciscaine.

Parmi ces vingt-huit fresques, vous voyez particulièrement celles où le saint parle à ses frères les oiseaux ; plus loin, il s'agenouille devant le pape Honorius III, il reçoit les stigmates, il institue la cérémonie *del Prescpe* (de la Crèche), il tient le chapitre général des Frères Mineurs. La plus belle de ces peintures, ce sont les funérailles du saint pendant lesquelles on voit des anges délicieux emporter son âme au paradis.

« Signor, me disait le frère conventuel, *non vi ammiri uno de' più insigni miracoli dell' italica pittura.*

Le frère nous fait remarquer les stalles du chœur, délicatement sculptées en 1500 par Santeverino, qui y a représenté les saints et les hommes illustres *dell' Ordine minoritico.* Les vitraux peints, chef-d'œuvre du XIVe siècle, ont été restaurés de nos jours par le milanais Bertini.

Descendons dans l'église inférieure, aussi basse et aussi sombre que l'église supérieure est élevée et lumineuse. Celle-ci réjouit le cœur et les yeux ; celle-là fait penser à la mort et à l'éternité ; l'une rappelle la vie terrestre et la pénitence de l'homme séraphique, l'autre nous le fait voir glorieux et couronné dans le ciel. L'architecte a complété cet admirable contraste en choisissant pour l'église supérieure le style ogival si brillant et si élancé, et pour l'église inférieure le style byzantin (1), dont le plein-cintre, si grave et si monastique, convient parfaitement à cette église souterraine qui communique de plein pied avec le couvent ; c'est là que les conventuels célébraient leurs offices avant leur dispersion. Ceux de nos lecteurs qui n'ont pas fait le pèlerinage d'Assise n'ont qu'à aller voir au musée du Louvre le tableau de Granet qui représente l'intérieur de cette église dans tous ses détails pittoresques, pendant la célébration de la messe conventuelle.

Dans une travée du vestibule, on montre le tombeau d'une princesse de France, Hécube de Lusignan, reine de Chypre, morte en 1243. La première chapelle à droite en entrant est dédiée à saint Louis, ce franciscain couronné, patron des frères du Tiers-Ordre de saint François, comme sainte Elisabeth de Hongrie est la patronne des Sœurs.

(1) Qu'on appelle style lombard dans le nord de l'Italie, roman en France, saxon en Allemagne et en Angleterre.

Les fresques de la vie de saint Etienne sont d'Adone Doni,
peintre d'Assise qui a peint aussi à la voûte les Prophètes et les
Sibylles, admirées et imitées par Raphaël à Santa Maria della Pace
à Rome. La chapelle suivante, de saint Antoine de Padoue, était
d'abord couverte de fresques du Giottino; elles ont péri, et ont été
remplacées au xvi° siècle par des fresques de Sermei.

La chapelle du fond du transsept est peinte par Giottino. Les
figures de saint François et saint Antoine et de deux martyrs sont
attribuées à Simon Memmi, et celles de la Madone et de sainte Elisabeth à Lippo Memmi, son parent. Entre l'abside et la nef,
quatre compartiments de la voûte au-dessus du maître-autel sont
occupés par des fresques considérées à bon droit comme les plus
belles œuvres de Giotto. Cette voûte est obscure et se voit diffi-
cilement; mais quand nous la contemplions, le soleil baissait, et
ses rayons obliques éclairaient favorablement ces immortelles
peintures.

Les quatre fresques de Giotto, qui représentent les vertus et le
triomphe de saint François, sont disposées en forme de couronne
au-dessus de sa tombe. Il est admirable de voir avec quelle vi-
gueur de sentiment chrétien l'artiste a traité son sujet. Suivant
sa conception, les vertus de saint François sont les préliminaires
de son triomphe, et le pinceau devait les représenter hardiment
sous le caractère qui effraie le plus la faiblesse humaine (1). La
Chasteté, l'Obéissance et la Pauvreté, telles sont ces trois vertus, si
bien pratiquées par saint François, vertus qui sont la matière et
le but des vœux monastiques (2).

Voyez cette forteresse garnie de tours qui s'élève sur un rocher
et que gardent deux guerriers couronnés; par l'étroite fenêtre de
la plus haute tour, à peine peut-on entrevoir l'angélique figure
d'une femme voilée qui joint les mains dans l'attitude de la prière,
tandis que deux esprits célestes lui apportent la palme et la couronne. Peut-on mieux représenter la Chasteté? A l'entrée du château fort, quelques anges nettoient un homme qui est dans le
bain; la Pureté lui verse l'eau, la Force appelle un ange pour

(1) Etude sur les monuments franciscains d'Assise par M. l'abbé Riche.
(2) Lisez sur Giotto à Assise l'admirable livre de M. Rio, *l'Art chrétien*. Il sera un
jour pour l'Italie ce que le livre de Pausanias est pour la Grèce antique, c'est-à-dire le
répertoire intelligent d'une foule de chefs-d'œuvre disparus par la faute de l'homme
et du temps. Ce moment arrivera pour l'Italie, quand la révolution aura achevé de
disperser, de vendre, de détruire, ou de laisser détruire les peintures conservées
depuis des siècles dans les églises et dans les monastères.

l'essuyer, et deux autres esprits célestes lui offrent le vêtement qui doit le couvrir. Dans l'angle droit, on voit saint François encourager les Frères-Mineurs à se faire les chevaliers de la Chasteté ; à gauche la Pénitence, en habit d'anachorète et armée d'une discipline, chasse l'Amour païen et aveugle qui s'enfuit en laissant tomber son arc et ses flèches.

L'Obéissance, vêtue d'un humble sac, pose la main gauche sur le livre de la règle, et l'index de la main droite sur sa bouche, pour signifier le silence monastique, tandis qu'un frère mineur s'agenouille pour se laisser mettre un joug sur le cou. A côté le peintre a représenté un centaure prêt à se cabrer, pour indiquer que l'*homme animal*, comme parle saint Paul, refuse à Dieu la soumission de sa volonté. Plus loin est la Prudence et l'Humilité ; cette dernière est armée d'un flambeau, près d'elle un ange chasse un monstre formé de l'assemblage d'un homme, d'un lion et d'un taureau, symbole de l'Orgueil.

Mais il faut s'arrêter avec ravissement devant les mystiques fiançailles de saint François et de la Pauvreté, que Dante a célébrées avec non moins d'amour que Giotto :

> Francesco e Povertá per questi amanti
> Prendi oramai del mio parlar diffuso.

Voilà donc madame la Pauvreté qui, dit le poëte, était restée veuve depuis la mort du Christ, son premier époux (1). C'est une noble femme parfaitement belle, mais le visage et le corps amaigris par le jeûne, les vêtements en lambeaux, la chevelure négligée, les flancs ceints d'une corde grossière ; le chien, ennemi des mendiants, aboie après elle ; un jeune élégant habillé de pourpre lui jette des pierres ; un autre vêtu d'azur s'amuse avec son bâton à la martyriser au moyen des épines qui croissent à l'entour. En dépit de ces outrages, la Pauvreté, errante et joyeuse, tend la main à François ; le Christ lui-même unit les époux, et au milieu des nues paraît l'Éternel, accompagné de ses anges, comme si, remarque Ozanam, ce n'était pas trop du ciel et de la terre pour assister aux noces de ces deux mendiants (2).

(1)   Questa privata del primo marito
Mille e cent' anni e piú dispetta e scura,
Fino à costui si stetti sensa iuvitto.
(Dante, *Paradiso*, c. XI.)

(2) Du côté droit on voit François se dépouiller de ses vêtements pour revêtir

« Heureux donc, s'écrie Bossuet, heureux mille et mille fois le pauvre François, le plus ardent, le plus transporté, et, si j'ose parler de la sorte, le plus désespéré amateur de la Pauvreté qui ait peut-être été dans l'Eglise !»

Ainsi l'éloquence s'unit à la poésie et à la peinture pour chanter ces noces immortelles.

Il est de tradition que Dante donna à son ami Giotto la pensée de ces compositions ; ainsi Phidias s'inspirait d'Homère, et les anciens disaient : Phidias homérise. J'incline à croire que Dante lui-même est venu à Assise ; il se montre dans son poëme si dévot à saint François, il faisait partie du Tiers-Ordre, et il décrit avec l'exactitude d'un pèlerin la situation topographique de la cité franciscaine dans ces vers : « Entre le Tupino et le ruisseau qui descend de la colline choisie pour sa demeure par le bienheureux Ubaldo, une côte fertile se détache de cette haute montagne d'où Pérouse sent venir le froid et le chaud par la porte du Soleil (1). » Le Tasse est aussi venu à Assise, et il y a composé deux sonnets en l'honneur de saint François. Giotto a peint encore deux miracles de saint François ressuscitant une jeune fille et un enfant ; le grand peintre a complété l'épopée de la glorification du héros d'Assise, en le peignant vêtu de riches habits de diacre et emporté au paradis par un chœur d'anges.

La basilique d'Assise est le sanctuaire de la peinture. On y voit des représentants des écoles byzantine, siennoise, florentine, ombrienne et romaine ; mais comment tout décrire ? Citons seulement les dix figures de la passion du Christ, par Puccio Capunua, le grand et touchant crucifiement du romain Pietro Cavallini, si estimé de Michel-Ange (2), la vie de la sainte Vierge, par Taddeo Gaddi, l'histoire de sainte Madeleine par Buffalmacco, la légende de saint Martin de Tours par Simon Memmi, célébré par Pétrarque,

---

un pauvre ; dans un angle, un corbeau ronge le cœur d'un avare dont le visage rappelle les terribles damnés que Giotto a peints dans la chapelle des Scrovegni à Padoue.

(1)   Tra Tupino, e l'acqua che discende
        Del colle eletto dal beato Ubaldo,
        Fertile costa d' alto monte pende,
        Onde Perugia sente freddo e caldo
        Da porta Sole.

(Parad. c. xi.)

(2) On montre un petit portrait, à droite de l'autel, sur le mur, comme étant celui de *P. Cavallini*. — La Vierge qui est à côté regarde l'Enfer avec un sentiment ineffable de tristesse et de suavité. Ce Crucifiement fut commandé à Cavallini par un capitaine français, Gauthier de Brienne, qui gouvernait alors Florence.

qui ne pouvait oublier qu'il avait fait le portrait de Laure.
Memmi a peint aussi huit figures de saints et de saintes, parmi
lesquelles nous aimons à retrouver notre chère sainte Claire, qui,
se tournant vers sainte Elisabeth de Hongrie, l'invite gracieuse-
ment à la suivre dans les voies de la pénitence et du renoncement.

La grande chapelle du fond placée sous l'espace où s'élevait le
gibet des malfaiteurs, et où le saint désira reposer, est toute brillante de mosaïques, tout étincelante de dorures. A son orient
sont suspendues deux grandes tribunes voûtées, un peu plus hautes
que la chapelle. Entre ces deux tribunes, un escalier à fleurons,
décoré aussi de mosaïques, aboutit à une vaste porte de fer qui
conduit dans l'autre église.

Près d'un des autels s'ouvre, munie d'une grille, une petite
fenêtre par laquelle trois lampes, toujours allumées, projetaient
leurs clartés dans la grotte où repose le corps du saint (1).

Par la chapelle du fond, ornée de beaux vitraux, le frère conventuel nous fait entrer dans la grande sacristie ; on y voit des
peintures de Sermei, et au-dessus de la porte un portrait de saint
François, fait peu de temps après sa mort par Giunta de Pise. Il
est d'une vérité saisissante, et c'est sans doute la représentation
la plus authentique du patriarche d'Assise (2). La petite sacristie
renferme le trésor de la basilique qui possède plusieurs pièces
des vêtements que saint François portait dans ses dernières années ; et la bénédiction qu'il écrivit sur le Mont-Alverne, pour le
Frère Léon, et qu'il signa de la lettre T.

« Mon frère, dis-je au conventuel, nous possédons à Paris un
manteau de saint François.

— J'en ai entendu parler, seigneur, mais comment se trouve-t-il
à Paris ?

— D'après une tradition qui ne manque pas de vraisemblance,
ce serait le manteau envoyé par saint François à sainte Elisabeth
de Hongrie. Saint Louis l'aurait reçu des chevaliers Teutoniques,

____

(1) Une de ces antiques lampes est aujourd'hui dans la chapelle de mademoiselle
de M. à Paris.

(2) « François était de petite taille ; il avait la tête ronde, le visage un peu al-
longé, le front petit et uni, les yeux de médiocre grandeur, noirs et modestes, les
cheveux bruns, les sourcils droits, le nez droit et fin, les oreilles petites et élevées,
les tempes aplaties, la voix véhémente, douce et sonore, les dents serrées,
blanches et égales, les lèvres fines et minces, la barbe noire et rare, le cou grêle,
les épaules droites, les bras courts, les mains petites, les doigts effilés et les ongles
longs, le pied petit, tout le corps d'une excessive maigreur. »
                                                            (Chavin de Malan.)

en reconnaissance de signalés services rendus à leur ordre, et il l'aurait donné à son tour aux Cordeliers de Paris, qui l'ont conservé jusqu'à la révolution. A cette époque il fut soigneusement caché, et il appartient maintenant aux Capucins rétablis à Paris depuis quelques années (1).

— Je félicite Paris de posséder une relique qu'Assise et Rome doivent lui envier. »

VIII

Le tombeau du Patriarche.

> Et la ville, en ses murs dilatés et ravis,
> Reçut ce qui restait de son bienheureux fils.
> De ce tombeau sacré noble dépositaire,
> Assise, de ce jour, devint un sanctuaire ;
> Et quelques mois plus tard, ô mystère éternel
> Celui qui fait les saints et juge sans appel,
> Transforma pour jamais, d'un mot de son Eglise,
> Jean, fils de Bernardone, en saint François d'Assise.
>
> (Ségur, *Poème de S. François.*)

Mais nous n'avons pas encore pénétré jusqu'au sépulcre de saint François. Au-dessous de l'église inférieure il faut descendre encore pour trouver le troisième étage de cet incomparable monument.

Le vol des reliques était chose fréquente dans les siècles de foi. Les habitants d'Assise craignaient qu'on ne leur enlevât leur trésor; et comme celui de sainte Claire, le corps de saint François fut enfoui à une très-grande profondeur, derrière une énorme grille de fer, au milieu d'un caveau secrètement creusé dans le roc vif, sous l'autel majeur de la basilique souterraine; il resta là pendant près de six siècles. Quand on le transféra de l'église Saint-Georges

(1) Rue de la Santé. On y vénère le saint manteau dans un reliquaire en style du XIII⁰ siècle. L'église ogivale et l'austère couvent des Capucins de Paris, situé en vue du dôme du Val-de-Grâce, ont un aspect tout franciscain et presque romain. (Voir l'histoire du saint Manteau dans le livre du P. Bonaventure : *la Gloire de S. François d'Assise après sa mort.*)

à la nouvelle basilique, le 25 mai 1230, le saint était mort depuis quatre ans. On eût dit la translation d'un homme vivant, tant son corps avait conservé de souplesse, tant paraissaient vifs les stigmates de ses plaies sacrées.

On raconte que la troisième nuit après la translation, un tremblement de terre ébranla l'église, et que le sanctuaire allait s'éclairant d'une lumière surnaturelle et se remplissant d'une odeur suave. Les religieux, accourus dans la grotte, craignaient un désastre qui compromît la conservation du sacré dépôt. La tombe s'était entr'ouverte, et sur cette tombe saint François se tenait debout, le visage resplendissant, les yeux dirigés vers le ciel, les mains posées sur son cœur. A cette vue, les religieux tressaillirent de joie et tombèrent à genoux pour le vénérer. Ils constatèrent que la caisse de cyprès et celle de plomb étaient hermétiquement closes, et que l'ouverture de la tombe était trop étroite pour donner passage à un corps humain. On ajoute que Grégoire IX vint voir le saint en cet état, et fit sceller dans le mur une pierre avec cette inscription :

Ante obitum mortuus
Post obitum vivens.

« Mort avant son trépas, vivant après sa mort. »

D'après cette légende, on supposa que ce corps crucifié comme celui du Sauveur était dans un état complet d'incorruptibilité, et que le saint resterait ainsi, vivant et debout, jusqu'au jour du dernier jugement. Après la seconde invasion des Français dans le Domaine pontifical, le bruit se répandit à Assise et aux environs que les Français avaient pénétré dans le sépulcre; ils avaient ouvert la grille avec cinq clefs antiques, et ces clefs étaient renfermées précieusement dans un étui en chagrin rouge. La rumeur alla jusqu'à faire revivre toutes les anciennes légendes sur la position du saint dans son tombeau.

En 1818, Pie VII autorisa les Mineurs conventuels à faire des recherches pour retrouver enfin ce trésor. Les travaux furent longs et difficiles à travers les flancs rocheux de la montagne. Après un travail secret de cinquante-deux nuits, on découvrit la grille de fer, et le saint corps apparut tout entier dans la nuit du 12 décembre. Pie VII en fit faire la reconnaissance authentique par cinq évêques. Le squelette était complet; les ossements des bras étaient en croix sur la poitrine, suivant l'habitude qu'en

avait saint François pendant sa vie. La pauvreté de cette sépulture
rendait témoignage à son authenticité. Grossièrement travaillé et
presque informe, le cercueil de pierre n'était pas proportionné à
la stature du Saint, qui était beaucoup plus petit. Sous la tête du
squelette, une pierre tenait lieu de coussin mortuaire : on sait que
c'était là l'oreiller de saint François. On trouva près de lui des
pièces de monnaie du temps, un anneau et des débris de la laine
de sa tunique. Il n'y avait pas d'inscription, mais tout document
était superflu. La triple Basilique portait le titre de *Sépulcre de
saint François, — sancti Francisci sepulchrum*, cela suffisait.

D'ailleurs le nom de saint François ne s'y lisait-il pas partout,
dans les peintures comme sur les vitraux ?

En juin 1819, l'empereur d'Autriche François Ier et l'impéra-
trice vinrent vénérer le corps du mendiant d'Assise, et laissèrent
une large aumône pour l'achèvement de la troisième église. On
fut obligé de creuser la montagne, pour sculpter un énorme pilier
de pierre, assez massif et assez fort pour soutenir le rocher auquel
est adossé le maître-autel (1).

Quatre ans après, la basilique d'Assise était enrichie d'une
troisième église ayant à son centre le morceau du rocher qui avait
servi de tombeau à saint François pendant tant de siècles. Le plan
de cette dernière église fut donné par un architecte d'origine
française, Valadier. C'est une croix grecque d'ordre dorique.

Que n'a-t-on plutôt employé le style ogival ou le style byzantin,
comme dans les deux églises supérieures ? Heureusement, on a
laissé au milieu le *loculus* primitif dans toute sa simplicité (2).

Le 4 octobre 1824, la nouvelle châsse brillait aux yeux d'une

(1) En 1823, dit M. Delécluze, lorsque j'allai à Assise, ce premier travail gigantesque était fait ; on construisait les voûtes retombant sur le pilier central, et destinées à soutenir le poids des deux églises qui les surmontent ; bientôt enfin cette
troisième église fut achevée et mise dans l'état où elle est aujourd'hui.

(2) Le premier aspect de cette architecture sans caractère, qui est venue se placer
sous l'architecture si caractérisée du moyen âge, est déplaisant ; mais quand on
vous apprend que le corps de saint François a été trouvé là en 1818, quand on vous
fait toucher le morceau de roc qu'on a laissé subsister afin de montrer ce qu'il a
fallu faire pour bâtir une église sous deux autres églises, vous vous sentez gagné
d'un certain respect pour cette dernière manifestation de la puissance qui, après
avoir accompli tant de grandes choses, a fait encore celle-ci. La persistance de ce
vieil esprit vous frappe d'autant plus qu'il se produit sous des formes plus modernes.
On se dit : Quoi ! le même sentiment qui a élevé les vieux murs couverts des peintures de Giotto et de Cimabué, qui a dicté les vers de Dante, ce sentiment est assez
puissant de nos jours pour creuser les montagnes et percer les rochers comme aux
temps des catacombes ! Nulle architecture à ogive ou à plein-cintre, vénérable par
sa naïveté antique, ne m'aurait fait sentir aussi profondément la puissance religieuse du catholicisme.   (Ampère, *Voyage dantesque*.)

foule immense et descendait de nouveau dans ce sépulcre transformé en un sanctuaire glorieux. Elle y repose encore aujourd'hui avec le saint corps dans l'urne antique entourée de la même grille qu'autrefois; et là, elle est le muet témoin des prières et des vœux que le pèlerin vient adresser chaque jour au mendiant d'Assise, à François, le héraut de Jésus-Christ.

Nous étions au but de notre pèlerinage, à genoux devant le saint tombeau, le front appuyé sur l'antique grille, priant de tout notre cœur saint François pour notre famille et notre patrie, pour cette France dont il portait le nom, dont il parlait la langue, et qu'il s'était réservée comme une conquête (1). « Et ce peuple de France qu'on accuse d'ingratitude, parce qu'il n'a gardé aucun souvenir de cette foule de rois et de conquérants sortis de son sein, il n'a pas oublié le mendiant d'Assise, et il donne encore son nom à la moitié de ses enfants, comme s'il savait d'instinct qu'entre saint François et nous, il y a une mystérieuse filiation (2) ! »

Des amis, qui nous avaient précédé dans le pèlerinage d'Assise, nous avaient raconté que, conduits au saint tombeau, par les Frères-Mineurs, ceux-ci avaient récité pour eux les prières de l'itinéraire du pèlerin; mais il n'y avait plus de religieux au Sagro-Convento pour nous rendre ce pieux office.

— Hélas! me disait le frère qui nous guidait, vous n'entendrez plus ici le chant du *Transito*.

Saint François est mort un samedi d'octobre, vers la fin du jour. Tous les samedis, à cette heure, les Franciscains d'Assise, au nombre d'environ quatre-vingts, se réunissaient à son tombeau, un cierge allumé dans la main; après avoir fait une procession tout autour, ils chantaient alternativement le psaume 141, *Voce mea ad Dominum clamavi*, que le saint avait sur ses lèvres en expirant. Peu de temps après sa mort, un Franciscain inconnu a mis

---

(1) Quand ce conquérant d'un nouveau genre distribua à ses premiers disciples les provinces du monde, il se réserva pour lui notre patrie, sans doute, disent ses historiens, à cause de sa tendre dévotion pour le sacrement auguste de nos autels, qu'il savait être honoré en France d'une manière particulière.

En allant en Espagne, il traversa le midi de la France, Montpellier, Perpignan, mais il ne put exécuter son projet d'aller à Paris, et il y envoya le frère Pacifique, lequel excellait tellement dans la poésie que l'empereur Frédéric II l'avait couronné en qualité de *prince des poètes*, ce qui le faisait nommer le *roi des vers*. Converti par une des prédications de saint François, il embrassa sa règle, et en reçut le nom de frère Pacifique; la reine Blanche le chargea d'achever l'éducation de saint Louis.

(2) M. F. Morin, *Saint François et les Franciscains*.

ce psaume en musique sur un air magnifique qu'on appelle le chant du *Transito*, c'est-à-dire le chant du passage, du *transit* de saint François quand il passa de la terre au ciel. Ce chant était si beau que, quand les princes et les rois venaient à Assise, on le leur faisait entendre, quoique ce ne fût pas un samedi, comme une des merveilles du *Sagro-Convento* (1). Il y avait jadis défense de communiquer le cantique du *Transito*, sous peine d'excommunication; voilà encore une pure jouissance dont nous prive l'unification de l'Italie (2).

En sortant de l'église sépulcrale, le Frère-Mineur nous montre deux grandes statues en marbre de Pie VII et de Pie IX, qui sont en sentinelles debout sur le seuil.

— C'est, nous dit-il, un *regalo* que Pie IX a fait à saint François dont il est fils (3).

Dans le voyage triomphal qu'il fit dans ses États en 1857, Pie IX s'arrêta à Assise.

— Je l'ai vu, disait le bon frère, passer de longs moments auprès du tombeau de saint François et auprès de celui de sainte Claire, et je l'ai entendu un soir, ici même, prononcer une ardente prière, dans laquelle il suppliait le bienheureux pauvre de Jésus-Christ de nous délivrer de l'amour effréné des biens de la terre, qui semble en notre siècle vouloir tyranniser les plus chré-

(1) Mgr Bastide nous fit entendre la mélodie de ce chant à Rome, et nous disait qu'il avait passé les deux plus heureux mois de sa vie au *Sagro Convento*, étudiant la théologie, et s'en donnant de tout son cœur avec saint François.

(2) Voici ce que raconte un prêtre français qui a passé quelque temps au *Sagro-Convento*.

Les peintres qui font le pèlerinage d'Assise peuvent aussi s'inspirer aux chants religieux qu'ils y entendent. En général, il nous semble que la musique est d'une intelligence plus facile pour le peintre que la peinture ne l'est pour le musicien. La musique, en effet, est une parole poétique, comme la peinture est une écriture illustrée; or, la faculté du langage est plus naturelle que celle de l'écriture. Quoi qu'il en soit, les chants de la basilique d'Assise font mieux comprendre ses peintures. C'est un bonheur, sous ce rapport, que les papes lui aient conféré le titre de basilique patriarcale. Ce privilége l'oblige à l'entretien d'une chapelle et d'un chœur de musiciens, comme les grandes basiliques de Rome, Saint-Jean-de-Latran, Saint-Pierre et Sainte-Marie-Majeure. La musique journalière du matin et du soir est plus solennelle et mieux exécutée, à la basilique franciscaine, qu'elle ne l'est dans un grand nombre de nos cathédrales, aux jours des plus grandes fêtes. Aux plus simples offices, le samedi surtout, à l'office ordinaire qu'on célèbre en mémoire de la mort de saint François, la musique prend un caractère antique merveilleusement en harmonie avec celui de la basilique. Nulle part ailleurs nous n'avions entendu des accents plus suaves et plus touchants.

(*Études sur les monuments franciscains d'Assise*, par M. l'abbé Riche.)

(3) Pie IX est entré, en 1821, dans le tiers ordre de Saint-François; il a donné aussi à l'église sépulcrale dix bas-reliefs représentant la vie du saint.

tiens eux-mêmes, et de l'en délivrer surtout Lui, Pontife, le plus infime de tous, *il più infimo dei pontefici.*

— Pauvre pape, ajouta le bon frère, voilà qu'il sera bientôt aussi dépouillé de tout que notre patriarche ; mais saint François, qui choisit la pauvreté pour lui et les siens, savait bien que le Pape devait être riche pour être souverain indépendant, et un jour, dans sa jeunesse priant à Saint-Pierre de Rome, il vit avec chagrin que les pèlerins ne donnaient que de légères aumônes ; il prit tout ce qui lui restait d'argent, et le jeta à pleines mains sur le marbre du tombeau de saint Pierre.

— Je vois que votre bienheureux patriarche comprenait la nécessité du Denier de Saint-Pierre. Je me souviens que lorsque le cardinal français Villecourt vint déposer aux pieds de Pie IX un premier million au nom de la France, le pape lui dit : Voilà longtemps que je fais partie du tiers-ordre de Saint-François, mais je ne savais pas encore qu'il fût si doux de vivre d'aumônes.

— Oui, seigneur, et Pie IX disait une autre fois à un évêque pauvre qu'il venait de secourir : « J'ai le sac de saint François, qui tous les jours se vide et s'emplit de la grâce de Dieu et de l'aumône des fidèles. » Et à un autre évêque qui craignait d'abuser de sa générosité : « Prenez, prenez toujours. Dieu me rendra cela demain, aujourd'hui même peut-être. »

Depuis Grégoire IX qui consacra le *Sagro-Convento* jusqu'à Grégoire XVI et Pie IX, que de papes, de rois, de saints et de pèlerins sont venus faire ici leurs dévotions ! combien sur ce tombeau ont pris l'habit du Tiers-Ordre ou ceint le cordon franciscain ! Saint Benoît Labre, si semblable à saint François, visita deux fois Assise, et le 20 novembre 1770 il reçut sur ce tombeau le saint Cordon. Saint Dominique avait gardé religieusement jusqu'à sa mort autour de ses reins la pauvre corde de saint François, qu'il n'avait obtenue de lui qu'à force de prières. De là est née la dévotion de porter une corde bénie par un supérieur de l'Ordre Séraphique. Sixte-Quint, élevé des rangs de l'humble milice des Frères-Mineurs à la sublimité du Souverain Pontificat, institua l'archiconfrérie du Cordon de Saint-François dans l'église du *Sagro-Convento*; il la dota de précieuses faveurs et de la participation aux mérites de l'Ordre tout entier. Grand fut le nombre de ceux qui se lièrent ainsi au Séraphique Patriarche sous l'impulsion de leur dévotion privée. Les puissants de la terre ne dédaignèrent pas de rendre cet hommage à l'humble serviteur du Christ; ils ceignirent la corde franciscaine, et plusieurs en firent le plus cher ornement de leur parure et de leurs armoiries (1).

« Votre cordon, s'écrie le grand poëte espagnol Lope de Véga dans son ode à saint François, votre cordon est l'échelle de Jacob; ses nœuds sont des degrés par lesquels nous avons vu monter jusqu'au ciel, non les géants, mais les humbles. »

Vuestro cordon es la escala
De Jacob, pues hemos visto
Por los nudos de sus passos
Subir sobre el cielo empireo
No gigantes, sino humildes.

IX

Saint Joseph de Copertino.

Ainsi le Dieu d'amour, dont la bonté féconde
Sème les fleurs aux champs et les saints dans le monde,
Qui mesure la grâce à la vocation,
A préparé ce fils de bénédiction.
Désormais il peut croître : on voit à ses racines
Que l'arbre doit monter à des hauteurs divines.
Encore un peu de temps, sous ses rameaux bénits
Les colombes du ciel viendront cacher leurs nids.

(Ségur, *Poëme de S. François.*)

« Voulez-vous visiter l'intérieur du *Sagro-Convento,* nous dit le frère conventuel; si vous étiez venu ici il y a quelques années, vous y auriez trouvé pour guide un curé de France, qui, jeune encore, s'était revêtu des livrées de saint François.

Cet immense monastère fut construit par le frère Élie en deux ans, de 1228 à 1230. Innocent IV voulut lui-même consacrer l'église et le couvent en 1243. On distingue encore sur les vieilles murailles du couvent les empreintes à demi effacées des

(1) François II, duc de Bretagne, en entoura ses armes. Anne de Bretagne, reine de France et fille de François II, institua l'*Ordre de la Cordelière* en mémoire des liens cruels de Jésus dans sa Passion, et par dévotion pour saint François. Louise de la Tour d'Auvergne introduisit le cordon franciscain dans sa parure, et le roi François Iᵉʳ en enrichit le collier de l'ordre de Saint-Michel, comme autrefois Marie de Clèves, mère de Louis XII, en avait orné son blason. (P. Chalippe, *Vie de saint François,* t. III, p. 180.— Helyot, *Hist. des Ord. rel.,* t. VII.)

grandes croix rouges de l'onction sainte. Dès ce jour il fut appelé le *Sagro-Convento*, la basilique eut le titre de chapelle papale, et au fond du sanctuaire s'élève encore le trône en porphyre où s'asseyait le Souverain Pontife, quand il venait à Assise. Il y a dans le couvent l'appartement papal, mais quand y reverra-t-on le successeur de saint Pierre? La Révolution a enlevé à Pie IX ses deux grands sanctuaires, Assise et Lorette, et lui dispute Rome elle-même: -

Le style du *Sagro-Convento* est grandiose, mais sévère; grâce aux recommandations de saint François, les Frères-Mineurs restèrent toujours dans le beau en restant dans le simple. Les corridors, la salle de l'ancien chapitre, les chambres des étrangers et l'appartement papal furent ornés de peintures remarquables, aujourd'hui fort endommagées. De la chapelle du Crucifix on pénètre dans un double cloître ogival, c'est le cimetière des Frères-Mineurs, le *campo-santo*.

En 1834, les villes et les villages de la vallée de Spoletto furent bouleversés par un tremblement de terre. La ville d'Assise ne fut pas épargnée. Toutes les maisons et les édifices furent ébranlés, plusieurs même renversés. Cependant la triple église au fond de laquelle reposent les restes de saint François, ainsi que le saint couvent qui l'entoure, n'éprouvèrent aucun dommage.

Il faudra la main impie des hommes pour les détruire.

Le monastère pouvait contenir plus de mille religieux, et rien n'y manquait de ce qui était rigoureusement nécessaire. Magasins, fruitiers, greniers pour les provisions et les récoltes, infirmeries et pharmacies, rien n'y avait été oublié. On avait établi des promenoirs et des réfectoires pour l'hiver et pour l'été; dans le premier de ces immenses réfectoires, on admire une cène d'Adone Doni d'Assise, et dans le second une cène par Solimène. Tout autour sont les portraits des généraux de l'Ordre et ceux des saints papes que l'Ordre Séraphique a donnés à l'Église.

Les souverains pontifes ont comblé la basilique de bienfaits et l'ont dotée d'indulgences spéciales. Ils la placèrent sous la dépendance immédiate du Siége apostolique; le général même de l'Ordre ne peut la visiter qu'en vertu d'une expresse délégation du Souverain Pontife.

Parmi ses priviléges, il en est un très-remarquable. Dans la basilique d'Assise, par imitation de ce qui se fait à Noël, la messe

peut, à la fête de saint François, se célébrer durant la nuit qui
précède cette fête (1). Ainsi les prérogatives de l'Église catholique
pour la naissance du Sauveur sont en quelque sorte attribuées à
l'église d'Assise pour la célébration de la fête du saint patriarche,
imitateur du Christ, né comme lui dans une étable, comme lui
mort percé de cinq plaies.

Je désirais vivement visiter la cellule que saint Joseph de Copertino occupa pendant les treize ans qu'il passa dans le *Sagro-
Convento*, au milieu de tant d'épreuves, d'extases et de miracles.
Il naquit en 1603, à Copertino dans le royaume de Naples, et,
comme saint François, il vit le jour dans une étable (2), où sa
mère s'était réfugiée pour éviter les poursuites des créanciers de
son mari. A dix-huit ans, il entra chez les Frères-Mineurs conventuels, qu'il effraya par la fréquence de ses ravissements et la
rigueur de ses mortifications. Trente ans après sa mort on voyait
encore les traces de son sang sur les murs de sa cellule. La nature
et les animaux lui obéissaient comme à saint François. Sa vie était
si naturellement miraculeuse, que le plus grand miracle était
qu'il n'en fît point. Dénoncé par un calomniateur au Saint-Office
de Naples, le tribunal de l'Inquisition le renvoya de la plainte, et
ses supérieurs lui firent prendre la route de Rome. Aux approches
de la cité, il remarqua qu'il restait à Ludovico, son compagnon,
une petite pièce d'argent; c'était tout leur capital. Il fit déposer la
pièce sur une borne, au profit du premier qui l'y trouverait : « Il
convient, dit-il, d'entrer dans la ville sainte pauvre et humilié
comme y entra saint François. Il logea au couvent des Saints-

(1) « La tradition des anciens fait connaître que, cette année 1230, la fête du saint
patriarche fut instituée par des offices nocturnes, et par une messe que Grégoire IX
célébra à minuit. Depuis, la messe fut ainsi célébrée tous les ans, au milieu
d'une immense assistance de peuple, de prélats, de cardinaux et de princes accourus de tous côtés. De nos jours, on a vu les très-pieux cardinaux Angelo
Rapaccioli et César Fachinetti célébrer plusieurs fois pontificalement, ayant pour
assistants, au lieu de chanoines, les Pères les plus considérables du couvent et de
la province. De temps immémorial, on a eu coutume de chanter à cette fête les
nocturnes en musique. Aussitôt que l'hymne et le *Te Deum* sont achevés, la messe
solennelle commence, et se célèbre suivant le rit romain. Après la communion du
célébrant, tous les Franciscains non prêtres, tous les frères, toutes les sœurs du
Tiers Ordre, tous les fidèles qui le désirent, approchent de la sainte table, et re-
çoivent la communion des mains du célébrant. Nous avons vu les pieux cardinaux
Rapaccioli et Fachinetti s'acquitter avec une charité admirable de cette fonction,
qui dure ordinairement plus d'une heure. »
                    (Rivotorto, *Sacri conventus Assisiensis Historia*.)
(2) S. Ignace de Loyola et S. Camille de Lellis naquirent aussi dans une étable,
par suite du pieux désir de leurs mères de les faire entrer dans le monde comme
y était entré le Fils de Dieu.

Apôtres. Rome s'étonna des prodiges qu'il opérait, et de l'obéissance absolue par laquelle il se laissait guider, disait-il, comme l'aveugle se laisse guider par son chien. Le pape Urbain VIII voulut le voir. Au moment où il baisait les pieds de Sa Sainteté, ayant considéré qu'il était devant le vicaire de Jésus-Christ, le saint entra en extase, et fut soulevé en l'air par un ravissement qui dura jusqu'au moment où le général des Conventuels crut devoir le rappeler à la vie réelle. Pénétré d'une religieuse terreur, le pape se tourna vers le général, et lui dit que si *frère Joseph mourait sous son pontificat, il voudrait déposer du prodige dont il venait d'être témoin* (1).

Sur l'ordre d'Urbain VIII, le saint fut envoyé à Assise, en avril 1639. A peine arrivé, Joseph courut à la basilique, se prosterna devant l'autel de saint François, et, saisi d'étonnèment, il laissa échapper ces paroles : « Père saint, vous avez tant aimé pendant votre vie madame la Pauvreté, et voilà qu'aujourd'hui vous êtes au milieu de l'or et du brocard, et votre église est somptueusement décorée. » Il lui fut répondu sur-le-champ par une vive illumination intérieure, dans laquelle le grand pauvre d'Assise lui fit connaître que cette pompe n'était pas pour lui, qu'elle était pour le Saint-Sacrement qui résidait sur l'autel, tandis que lui, François, se tenait sous terre, dans l'obscurité et l'humilité. D'après cette réponse intérieure, Joseph comprit que si le Père se tenait ainsi à Assise, abject, humble et pauvre, à plus forte raison lui, le fils, devait-il y être tenu de la même manière. Mais sa sainteté fit explosion. Les Assisiens le nommèrent citoyen d'Assise et le prièrent de ne point dédaigner ce titre.

« Moi, s'écria-t-il, dédaigner d'être le compatriote de mon père saint François ! du porte-étendard du Christ ! du Christ aux stigmates ! » En prononçant ces mots, il tomba en extase ; les Conventuels, de leur côté, lui décernèrent le titre de *Père du Sacré Couvent d'Assise*, distinction qui parut au saint comme un nouveau lien avec saint François.

Joseph, par ses prières, délivra ses nouveaux compatriotes d'une invasion des Florentins ligués avec d'autres Etats d'Italie contre le pape Urbain VIII. La nuit de la fête des Stigmates de saint François, les coalisés descendirent dans la plaine d'Assise, et, pendant la nuit, on vit éclater des feux nombreux allumés par les Florentins.

(1) Voir la *Vie de S. Joseph de Copertino* par Domenico Bernino, évêque d'Osimo, son contemporain.

L'alarme fut grande dans Assise. L'évêque et le gouverneur coururent à la cellule de frère Joseph. « Hommes de peu de foi ! dit-il, allez et confiez-vous en Dieu. Saint François, votre compatriote, ne permettra pas qu'il soit fait à la cité aucun dommage. » Au moment où le saint prononça ces mots, les feux commencèrent à s'éteindre et les ennemis battirent en retraite. Pendant une disette, Joseph obtint du blé par ses prières et dit au custode : « Homme de peu de foi, pourquoi as-tu douté ? Rappelle-toi le mot de saint François, que *tant qu'il restera un pain dans le monde, la moitié de ce pain sera pour son ordre.* Durant plus de trente-cinq ans, frère Joseph dut être éloigné, par ses supérieurs, du chœur, des processions et du réfectoire, parce que ses extases continuelles troublaient les exercices. Prié de faire connaître ce qu'il voyait dans ces moments-là, il répondit un jour : « Que veux-tu que je voie ? Je suis uni en Dieu. » Quelquefois le saint associa à ses extases d'autres personnes et les enleva en l'air dans ses prodigieux ravissements ; ce qui est sans exemple dans la vie des saints.

Joseph savait à peine lire et écrire, mais Dieu lui avait donné le don de sagesse et de prophétie. Il prédit la mort de deux papes, Urbain VIII et Innocent X. Des souverains, des princes, des cardinaux, de grands personnages de tous les pays firent pour le voir le voyage d'Assise.

Le prince Casimir de Pologne s'était fait jésuite à Rome, et le pape Innocent X le nomma cardinal ; mais son frère Ladislas IV étant mort sans postérité, les Polonais réclamèrent Casimir pour roi. Le pape lui donna les dispenses nécessaires. Avant de s'en retourner en Pologne, Casimir passa par Assise, afin de s'y entretenir avec frère Joseph. Le prince, qui craignait de déplaire à Dieu par ces changements de vie, demanda à Joseph ce qu'il en pensait : « Est-ce, dit-il, avec le chapeau de cardinal ou bien avec l'épée que je suis appelé à servir Sa divine Majesté ? — C'est avec l'épée », répliqua vivement Joseph. En effet, Casimir affermit le royaume de Pologne et consolida la religion chrétienne par ses victoires sur les Turcs. Il emporta un immortel souvenir du saint, et voulut rester en commerce de lettres avec lui ; il lui écrivit souvent, et, plus d'une fois, dans ses réponses datées d'Assise, Joseph annonça au roi des événements qui se passaient à l'heure même en Pologne.

Le prince et la princesse Lubomiski vinrent à Assise se recommander aux prières de Joseph, qui leur obtint un héritier après douze ans de mariage. Le prince Zamoïski vint tout exprès conférer avec lui. Le duc de Bouillon se rendit de France à Assise dans le même but, ainsi que le prince Léopold de Toscane, qui fut depuis cardinal. Isabelle d'Autriche, duchesse de Mantoue, désira entretenir Joseph de l'état de son âme ; elle eut une conférence avec lui, le soir, dans la sacristie, et une autre le lendemain, dans l'église où il célébrait la sainte messe ; elle admira sa sainteté et sa doctrine, et le vit ravi en extase.

L'amirante de Castille, ambassadeur du roi d'Espagne à Rome, attiré à Assise par la grande renommée du serviteur de Dieu, y arriva en 1645. Il entretint Joseph au parloir. A la suite de la conférence, il alla trouver sa femme dans l'église et lui dit : « Je viens de parler à un autre saint François. » L'ambassadrice désira voir le saint, et s'évanouit de terreur en le voyant traverser l'église, au-dessus de sa tête, emporté dans son vol extatique.

L'infante Marie de Savoie, fille de Charles-Emmanuel et de Catherine d'Autriche, professe dans le Tiers-Ordre de saint François, voulut, en royale pèlerine, visiter les sanctuaires d'Italie, et arriva à Assise en 1646, désireuse de voir saint François et sa copie, c'est-à-dire le corps du saint patriarche et la personne du frère Joseph. Elle en avait demandé la permission à Innocent X ; mais le pape refusa les deux grâces. Il dit que ce serait tenter Dieu que de faire des recherches pour retrouver et exposer au grand jour le corps du séraphique patriarche ; il ajouta qu'il ne convenait pas que la princesse entrât dans l'intérieur du *Sagro-Convento*, et à plus forte raison dans la cellule du saint religieux, comme elle le demandait. Joseph connut la démarche et se montra bien aise du refus de Sa Sainteté. Ce fut dans l'église d'Assise que l'infante vénéra saint François, et dans la sacristie de cette église qu'elle vit le serviteur de Dieu. Elle semblait ne pouvoir se décider à le quitter, et prit le parti de fixer sa résidence à Rivotorto, puis à Pérouse, où elle demeura plusieurs mois. Toutes les semaines elle venait plusieurs fois à Assise visiter Joseph, et traiter avec lui des affaires de son âme. Un jour que le saint célébrait la messe, la princesse, au moment de l'élévation, le vit s'élever de terre à la hauteur de trois palmes. Un autre jour, l'infante avait obtenu la permission d'offrir à dîner au saint, mais à la troisième bouchée Joseph, ravi en extase, tomba à genoux les bras en croix.

La marquise Artemise de Médicis s'était concertée avec plusieurs dames de Pérouse pour aller ensemble à Assise vérifier les

ravissements du frère Joseph. Il fut convenu que les amies de la
marquise entreraient les premières dans l'église; la marquise
surviendrait ensuite, et prononcerait les noms de Jésus et de
Marie; l'extase, que détermineraient infailliblement ces noms sacrés, aurait ainsi pour témoins toutes les dames. L'arrangement
fut exécuté de point en point. Mais au moment où la marquise entrait dans le sanctuaire, frère Joseph lui dit : « Est-il permis,
Madame, de venir ici par curiosité? Doutez-vous que Dieu puisse
faire produire à ce morceau de bois des miracles? Allez, et que
Dieu soit avec vous. » La marquise Artémise, déposant de ce fait
dans l'enquête de beatification, dit naïvement : « Je restai confuse
comme une poule mouillée (1), et je conclus de l'incident que
frère Joseph pénétrait le secret des cœurs. »

Jean Frédéric prince de Brunswick, âgé de vingt-cinq ans, vint
à Rome en 1649, et de Rome se rendit à Assise, afin d'y voir
l'humble religieux dont la sainteté faisait tant de bruit en Allemagne. Le cardinal Francesco Rapaccioli, envoyé par Innocent X,
arrivait à Assise en même temps, avec une lettre pour le custode
et des ordres relatifs à la réception du prince. Une autre lettre
confidentielle du pape prescrivait au custode de mettre Son Al-
tesse en relation avec Joseph, dans l'espoir que le saint pourrait
le convertir, car le prince était luthérien, et accompagné de deux
comtes, ses chambellans, dont l'un était catholique et l'autre hérétique. Le prince fut logé au *Sagro Convento* dans l'appartement
papal, et témoigna le désir de voir le *saint frère*. Le lendemain,
qui était un dimanche, il fut secrètement introduit, avec ses
chambellans, dans la chapelle du vieux noviciat où le saint disait
la messe. Personne ne fut prévenu, pas même Joseph; mais au moment de rompre l'hostie consacrée, le saint poussa un douloureux
gémissement. Il voulut rompre l'hostie, l'hostie résista, il fallut
un effort pour la briser. Ce gémissement extraordinaire frappa le
prince, qui en demanda la raison. Le custode, après la messe, in-
terrogea Joseph, qui répondit : « Les personnes que tu m'as en-
voyées ce matin ont le cœur dur; elles ne croient pas ce que croit la
sainte mère Église; c'est pour ce motif que l'Agneau, devenu dur
sous mes doigts, ne pouvait se rompre. » Le prince médita cette
réponse au fond de son cœur. Ses projets de départ en furent
ébranlés. Tantôt il voulait partir, tantôt il voulait rester. Après
qu'il eut dîné, il demanda un entretien au serviteur de Dieu, et

(1) *Restai come uno gallina bagnata.*

demeura seul avec lui dans sa cellule, jusqu'à l'heure de complies ; puis, tout pensif, il se rendit à l'église, et s'agenouilla devant l'autel de Saint-François ; bientôt il se releva brusquement,
honteux d'avoir paru céder à cette lumière dont il reconnaissait
les divines clartés, mais qui ne l'avait point encore subjugué. Le
lendemain il voulut assister à la messe du saint. A l'élévation,
parut sur la surface de l'hostie une croix noire qui fut aperçue de
tous les assistants, et au même instant Joseph, élevé en l'air, semblait suivre l'hostie dans les cieux. Le chambellan hérétique s'é-
cria : « Maudit soit le jour où je suis venu en ce pays ; je vivais
tranquille dans le mien, et voici que ma conscience est tour-
mentée ! » Le prince non moins ému hésitait encore. Il demanda
une nouvelle conférence au Père Joseph. Lorsque celui-ci le vit sur
le seuil de sa cellule, il fit quelques pas en avant, ceignit le prince
du cordon de saint François, et, dans un transport extatique, il s'é-
cria à plusieurs reprises : « Je te lie pour le paradis. » Après avoir
dit ces mots, le saint tomba en extase. Revenu à la vie réelle par la
vertu de la sainte obéissance, lui, ce misérable frère, né dans une
étable, *cette balayure du monde*, regardant en face le prince souverain de Brunswick, le fils du duc de Saxe, lui dit avec chaleur :
« Va, je t'ai lié pour le paradis. Prie à l'autel de Saint-François,
assiste à l'office de complies, suis la procession, et tout ce que tu
verras faire aux religieux, fais-le humblement. » Le prince, profondément ému, entendit et obéit, parut à l'église comme un
simple novice, assista à complies et fit la procession. Assisté des
cardinaux Facchinetti et Rapaccioli, il se prosterna devant l'autel
du très-saint Sacrement, et là il dit : « Le Roi du monde est
adoré dans cette église : dans cette église, je confesse et je crois
toutes les choses que confesse et croit l'Église catholique. » Il
voulut ensuite entretenir le serviteur de Dieu des secrets de sa
conscience, et resta avec lui jusqu'à une heure fort avancée de la
nuit. La veille, un serviteur hérétique du prince insulta Joseph et
menaça de le tuer si son maître changeait de religion. Le serviteur de Dieu répondit : « A qui en veux-tu ? Égorge Dieu, si tu
peux. Dieu est l'artisan de ce grand ouvrage dont j'admire la
trame ; je ne désire que la gloire de Dieu. »

Le prince déclara qu'il reviendrait l'année suivante à Assise
faire son abjuration publique entre les mains du Père Joseph ;
c'est en effet ce qui eut lieu (1).

(1) La sérénissime princesse de Brunswick ; qui vit encore au moment où nous

A la suite de tant de miracles, l'affluence devint si considérable à Assise, que la paix du couvent en fut troublée, et Innocent X fit transférer Joseph chez les capucins de Petra-Rubea. Mais le concours des pèlerins l'y suivit. La place manquant pour contenir la foule durant la messe du saint, les fidèles escaladaient et découvraient le toit, et pratiquaient des ouvertures dans les murailles de l'église. Pour le soustraire à ces pieuses importunités, l'inquisition envoya Joseph à Fossombrone. Quand le cardinal Fabio Chigi, qui aimait le saint, devint Alexandre VII, les Conventuels d'Assise lui réclamèrent Joseph.

— Non, non, dit le pape, c'est assez d'un saint François à Assise.

Et il envoya Joseph au couvent d'Osimo, près Lorette ; c'est là que le saint quitta la terre le 18 septembre 1663.

Je demandai au conventuel d'Assise de me montrer la cellule de saint Joseph, cette cellule d'où s'exhalait une odeur suave, et qui est attenante à l'oratoire où tant de fois, en célébrant la messe, le saint montait et descendait, par la voie des ravissements, du ciel à la terre, de la terre au ciel. A cette demande, le conventuel secoua la tête : « Impossible, me dit-il, le roi d'Italie a dans sa poche les clefs de toutes nos cellules ; voyez, toutes les portes ont les scellés. »

— Rien ne m'étonne plus en ce pays, répondis-je, depuis que j'ai vu qu'à Florence le roi d'Italie s'est fait apothicaire. Les dominicains de Sainte-Marie-Nouvelle avaient une *spezieria*, une pharmacie célèbre ; le roi s'en est emparé, et c'est un valet à sa livrée qui vend maintenant les parfums et les médicaments ; dans l'Italie Une, l'odieux finit souvent par tomber dans le ridicule.

— Ils auront beau faire, dit le *frate* : Notre-Seigneur a promis à saint François que son Ordre durerait jusqu'à la fin du monde, et que ses persécuteurs seraient punis d'une manière exemplaire ; *li perseguitatori di quella santa religione notabilmente saranno puniti.*

— *Amen*, répondis-je.

En effet, quel prétexte avait-on de dépouiller *Sagro Convento*

écrivons ces lignes, déclare qu'à la cour, du vivant du duc Frédéric, son époux, « il était journellement question du serviteur de Dieu. Le duc lui gardait une « sainte affection et conservait son portrait ; voulant avoir quelques religieux dans « ses Etats, ce sont les Capucins qu'il préféra, comme étant Franciscains ; et c'est « parmi eux qu'il choisit son confesseur tant qu'il vécut. »

(Bernino, *Vie de S. Joseph de Copertino.*)

de ses pieux habitants, sinon le prétexte de la convoitise et de
la haine? Que pouvait-on reprocher à ces religieux si célèbres
autrefois (1) et dont de nos jours plusieurs contemporains dignes
de foi nous ont vanté la ferveur et l'hospitalité (2)? « Les trois
Ordres de saint François, répandus par toute la terre, la fécondent
et la vivifient depuis six cents ans, comme des sources intarissables
et bienfaisantes qui né disparaissent en un lieu que pour aller
jaillir ailleurs et porter avec elles la vie spirituelle et divine. Les
nations peuvent, si le démon les y pousse, se priver de leurs bienfaits et les tarir en leur sein, mais elles ne les peuvent supprimer;
car le Seigneur a promis à saint François que ses trois Ordres du-
reraient autant que l'Église et le monde : or les promesses de Jésus-
Christ sont infaillibles et ses paroles ne passent pas. Les fils et les
filles de saint François vivront donc, comme le nom de leur Père
séraphique, jusqu'au jour mystérieux et inconnu où, les destinées
du monde étant accomplies, tout sera consommé dans les flammes
vengeresses de la justice et dans les flammes bienheureuses de
l'éternel amour (3). »

(1) Ce couvent est qualifié de sacré, et les décrets des souverains pontifes en
assurent à jamais à l'Ordre la possession. Des hommes de sainteté et de science,
des hommes illustres gouvernent la maison d'Assise. Ils prennent le nom de *cus-
todes*, et non de *gardiens*, la garde du couvent étant attribuée au saint, qui lui-
même daigne se laisser garder par ses pieux enfants. Heureux enfants! durant une
période non interrompue de cinq siècles. vous avez, par votre piété et votre science,
peuplé de saints la terre et le ciel; vous avez rempli les bibliothèques de vos
écrits et la chrétienté de l'exemple de vos vertus! Parmi vous plusieurs sont
montés sur le trône de Pierre, et un nombre très-considérable porte la pourpre du
cardinalat; sur vous ont pesé d'innombrables charges ecclésiastiques; et il n'est
pas un ange au monde qui, par vous ou par des réformes venues de vous, n'ait été
illuminé de cette doctrine, qui semble être infuse en vous par votre séraphique
instituteur!
    (Vie de S. Joseph de Copertino, par Bernino évêque d'Osimo au xviiie siècle.)
(2) Mgr de Ségur qui a pris l'habit du Tiers-Ordre sur le tombeau de S. François,
Mgr Bastide qui a vécu deux mois au *Sagro-Convento*, M. l'abbé Riche qui a rendu
ce témoignage aux Frères Mineurs Conventuels d'Assise : «Une recommandation
précieuse nous a mérité la faveur de passer plusieurs jours dans l'intimité de ces
dignes enfants de S. François, et nous avons pu constater par nous-même qu'ils
n'ont rien oublié de ses saintes et antiques traditions. La science religieuse est
peut-être plus en honneur, ou du moins elle est plus cultivée chez les Conventuels
que dans aucune autre branche de la famille de saint François. C'était une bonne
fortune pour nous que de pouvoir étudier les monuments franciscains sous leur
direction. Indépendamment des nombreuses ressources bibliographiques qu'ils nous
offraient, nous avons trouvé, en plusieurs d'entre eux, une science, une érudition,
un goût artistique, qui n'étaient dépassés que par la modestie et la charité avec
lesquelles ils en faisaient usage. Nous serions bien heureux que ces lignes leur
parvinssent comme un témoignage public de notre affectueuse reconnaissance. »
    Mgr Nardi, auditeur de Rote, a écrit sur Assise une remarquable lettre, adressée
à l'avocat Grassi à Florence, et imprimée à Rome en 1867 sous ce titre · *Assisi e
le soppressioni.*
(3) Ségur, *Histoire de S. François.*

X

Une nuit à Assise.

Ils revinrent enfin au terrestre séjour ;
Mais, de grâce abreuvés, rassassiés d'amour,
Ils ne purent rien prendre, et, sans manger ni boire,
Ils s'éloignèrent tous de l'humble réfectoire.
Alors François, voyant sainte Claire à genoux :
« Allez, dit-il, ma sœur, le ciel est avec vous,
Et vous serez toujours ma fille bien-aimée ! »
L'épouse du Seigneur, d'amour tout embaumée,
Regagna son couvent, et jusqu'à son trépas
Garda le souvenir de ce divin repas.

(Ségur, Poëme de S. François.)

Nous ne pouvions nous arracher aux attraits ascétiques du *Sagro Convento;* il nous semblait que nous y aurions passé volontiers le reste de notre vie. Ce monastère a quatre cloîtres grandioses; la partie occidentale surplombe sur un précipice, au fond duquel roule un torrent.

Nous ne pûmes retenir un cri de surprise et d'admiration quand le frère conventuel nous introduisit dans la longue galerie gothique qui s'étend au midi, semblable au chemin de ronde d'une forteresse féodale. Cette terrasse gigantesque, suspendue entre les créneaux, est l'œuvre du pape Sixte IV, dont la statue est fixée dans le mur au-dessous du parapet. Ce qu'il y a d'incomparable, c'est la vue dont on jouit du haut de ce cloître extérieur; on voit toute la vallée de l'Ombrie, avec l'horizon bleu des hautes montagnes de l'Apennin. La plaine, admirablement cultivée, apparaît comme un jardin séparé du monde et préparé pour le bonheur de ceux qui l'habitent. La vigne est suspendue en guirlandes au tronc des ormeaux; le pâle olivier adoucit partout les teintes; son feuillage léger donne à la campagne quelque chose de transparent, d'aérien. Autour des habitations champêtres, à travers les peupliers et les cyprès, l'eau des petites rivières qui tombent des montagnes coule comme un cristal. Sur la même ligne qu'Assise, s'élèvent en amphithéâtre les villes pittoresques de Trévi et de Spello. On distingue même dans le lointain Pérouse et Spolète. Mais ce qui attire et retient les regards, c'est le dôme de Sainte-Marie-des-Anges, isolé dans la plaine comme un phare lumineux.

Au-dessous de nous, au pied du monastère, s'étend le jardin et le potager des Franciscains orné de deux cyprès gigantesques.

— Le *Governo*, nous dit le frère, nous a fait payer le loyer de ce jardin pour avoir le droit d'y cueillir quelques légumes, qui sont pourtant bien à nous.

Nous ne pouvions nous décider à quitter cette galerie.

— Il fallait la voir, disait le *frate*, le jour de la fête de saint François; l'illumination du cloître, dans toute son étendue, se dessinait dans la nuit, *era un'incanto !*

Un de nos amis qui a séjourné dans le couvent, nous avait vanté l'effet du clair de lune à travers les ogives de la galerie. Au défaut de l'astre des nuits, nous eûmes là le spectacle du soleil couchant, qui disparut derrière les montagnes, en leur laissant pour adieu des nuages de pourpre fondus dans des teintes violettes d'une admirable pureté.

L'ombre qui tombait rapidement nous avertit de partir avant la nuit close.

Nous traversons de nouveau la vieille cité franciscaine. Assise a quatre mille cinq cents âmes (1).

« Mais, seigneur, nous disait Gaetano en secouant la tête, tout le monde s'en va depuis cette bienheureuse annexion, *tutta la gente s'e ne va, dopo questa benedetta annessione.* Voyez tous ces vieux palais déserts; l'herbe a remplacé les habitants; les pèlerins diminuent; c'est notre ruine, et ce qui l'achève, c'est le *macinato* (l'impôt sur la mouture). Qu'allons-nous devenir ? Savez-vous, seigneur, si on nous laissera au moins les reliques de sainte Claire et de saint François?

— Je n'en sais rien. Votre aimable *governo* est maintenant le propriétaire de ces deux corps, et il peut, s'il lui plaît, en faire de *l'engrais animal.* »

Gaetano ne comprit pas cette expression agronomique, mais elle lui parut quelque chose de terrible, et il fit le geste de s'arracher le poil de sa longue barbe blanche.

Après avoir visité tous les monuments franciscains de la ville, nous comprenions comment la mémoire de saint François était si vivante à Assise, aussi vivante que s'il venait de mourir hier, et de laisser à sa patrie la bénédiction qu'on lit sur la porte de la ville.

(1) Ce mot *âmes* relégué chez nous dans les dictionnaires de géographie est sans cesse employé à Rome et en Italie pour désigner les chrétiens. Ainsi chaque curé a le registre des *âmes* de sa paroisse.

Nous regagnons enfin notre auberge *del Leone*, et ce fut seulement en nous mettant à table pour dîner, que nous nous aperçûmes d'un oubli, c'est que nous avions oublié de déjeûner, tant nous étions pressés de posséder Assise, et tant nous fûmes absorbés dans la jouissance de sa possession.

Un jour sainte Claire, ayant à consulter saint François, le supplia de lui permettre d'aller le voir à Sainte-Marie-des-Anges, et même de partager son frugal repas (1). Le saint patriarche refusa d'abord ; mais vaincu par les prières de ses frères, il consentit à cette entrevue, qui devait être la dernière. Claire arriva accompagnée d'une de ses filles ; le saint la conduisit dans la chapelle tandis qu'on préparait l'humble repas. La table fut bientôt dressée : c'était une pauvre nappe étendue par terre, autour de laquelle se rangèrent François et ses fils, Claire et sa compagne. Le saint bénit le festin, qui consistait en pain et en racines ; ces agapes fraternelles commençaient à peine que François se mit à parler de Dieu et du Paradis avec une éloquence si enflammée, que tous les convives furent comme lui ravis en extase ; ils oublièrent la nourriture matérielle, et sortirent de table sans avoir bu ni mangé, mais abreuvés par la grâce céleste et rassasiés par l'amour divin.

Notre hôte, le seigneur Serafino Stoppini, nous servit un affreux repas et une horrible *polenta*. Pour suppléer au rôti, il fit comme madame Scarron en pareille cas : il nous conta des histoires, et nous dit qu'au centenaire de saint Pierre, en 1867, son hôtel était si encombré d'évêques et de prêtres français, qu'il avait été obligé de mettre des lits partout, jusque dans les cheminées. Serafino nous apprit que le cardinal Bonaparte, accompagné de son confesseur le P. Chéry, dominicain, nous avait précédé d'un jour à Assise, et avait logé *al Leone*, dans notre appartement, ce dont je ne fais pas compliment à Son Eminence. Je contai à mon tour à mes enfants, pour leur faire prendre patience de ce méchant repas, que l'évêque d'Assise ayant gardé chez lui saint François malade, le força de diminuer ses abstinences, et même lui fit manger un peu de chair de volaille. Dès qu'il eut repris quelques forces, François, brûlant de désir de s'humilier et d'expier ce qu'il appelait sa sensualité, sortit du palais épiscopal, se rendit à la cathé-

---

(1) Jusqu'alors les Clarisses n'étaient pas cloîtrées ; le premier décret général qui ait obligé les religieuses à la clôture perpétuelle est celui de Boniface VIII, qui vivait à la fin du treizième et au commencement du quatorzième siècle.

dràle suivi de beaucoup de frères et d'une grande foule de peuple.
Là, il ordonna à l'un des religieux de lui mettre la corde au cou,
et de le conduire jusqu'à la place des exécutions en criant : « Voici
le glouton qu'on croit un saint et qui se nourrit de volaille! » Lui-
même, malgré sa faiblesse, éleva la voix et dit avec un torrent de
larmes : « Je vous assure que je ne dois point être honoré comme
un homme spirituel. Je suis un homme charnel, sensuel et gour-
mand, que vous devez tous mépriser! »

Nous voyons de nos fenêtres le vieil évêché; on y montre encore
la salle où saint François, en présence de son père et de l'évêque,
se dépouilla de ses vêtements, en déclarant qu'il renonçait à tout
héritage, et que Dieu serait désormais son père.

Pour finir ce qui concerne notre souper *del Leone*, hâtons-nous
d'ajouter que nous eûmes pour dessert des douceurs toutes spiri-
tuelles. Un messager nous apporta un paquet du couvent de Sainte-
Claire. L'abbesse des Pauvres-Dames nous envoyait ce qu'elle
avait de plus précieux, des reliques; la sœur Claire-Louise m'a-
dressait deux portraits de sainte Claire, sans oublier le petit Jésus
de cire que j'ai promené à travers l'Italie, l'Allemagne et la
Suisse, avant de pouvoir le remettre à sa destination, entre les
mains des Clarisses de Poligny.

L'air est vif et même froid à Assise, à cause du voisinage des
montagnes, et pour cette raison le frère Elie fit transporter saint
François malade à Sienne, où le climat est plus doux. La nuit que
nous passâmes dans la cité Franciscaine était fraîche ; les chambres et les lits du seigneur Serafino ne valent pas mieux que sa
cuisine, et on ne pouvait allumer du feu; mais il n'y a pas moyen
de se plaindre de quelque chose à Assise, pour peu qu'on y étudie
la vie de saint François. N'y ai-je pas lu que le saint blâma la
construction de l'hôtellerie bâtie en son absence pour loger les
religieux et les pèlerins qui venaient à Sainte-Marie-des-Anges de
tous les points de l'Europe! « Frère Pierre, dit-il sévèrement, ce
lieu-ci est la règle et le modèle de tout l'Ordre. Ceux qui y viennent doivent, comme ceux qui y demeurent, souffrir les incom-
modités de la pauvreté, afin qu'ils puissent dire aux autres combien on vit pauvrement à Sainte-Marie-de-la-Portioncule..... »

C'est en méditant ces paroles que nous allons nous coucher. Ma
petite chambre est étroite comme une cellule, la fenêtre basse donne
sur la place de l'Évêché; le lit est dur et froid. Je n'essaye même
pas de dormir; je veille en lisant et en priant, écoutant le bruit de la

fontaine de la place. Je lis les *Fioretti*, que j'achète tout exprès à Assise, afin de m'embaumer sur place de tout le parfum séraphique.

Ces *Fioretti* ou petites fleurs de saint François racontent la légende du saint; c'est l'*Imitation* de Jésus-Christ en action. Son auteur est inconnu, et ce livre est aussi intraduisible que l'*Imitation*, il faut laisser cette fleur sur sa tige italienne pour en savourer tout le parfum.

Je n'oublierai jamais avec quels délices, durant cette nuit franciscaine, je lus comment saint François révéla le *mystère du bonheur* à frère Léon, son confesseur, son secrétaire intime, son inséparable compagnon, qu'il appelait la petite brebis de Dieu, *pecorella di Dio*, et qui mérita après sa mort d'être enterré auprès du saint. C'était par une nuit d'hiver; François se rendait avec Léon de Pérouse à la Portioncule, et tous deux souffraient du froid qui était fort rigoureux. Après un long temps de silence et de méditation, le saint dit à son compagnon : « Fasse Dieu que les Frères-Mineurs donnent à toute la terre de grands exemples de sainteté! Néanmoins, chère brebis du Bon Dieu, sache que ce n'est pas là la joie parfaite. »

Un peu plus loin, il dit : « O frère Léon, quand les frères rendraient la vue aux aveugles, chasseraient les démons, feraient parler les muets et ressusciteraient les morts de quatre jours, ce n'est point là la joie parfaite. »

Un peu plus loin : « O frère Léon, si les Frères-Mineurs savaient toutes les langues et toutes les sciences, s'ils avaient le don de prophétie et celui du discernement des cœurs, ce n'est point là la joie parfaite. »

Et un peu plus loin encore : « O frère Léon, petite brebis de Dieu, quand les Frères-Mineurs convertiraient par leurs prédications tous les peuples infidèles à la foi chrétienne, ce n'est point là la joie parfaite. »

Il continua à parler ainsi l'espace de plusieurs milles. Enfin, frère Léon étonné lui demanda : « O Père, je vous prie, au nom de Dieu, dites-moi donc où est la joie parfaite? »

François répondit : « Quand nous arriverons à Sainte-Marie-des-Anges, mouillés, transis de froid, mourant de faim, et que nous frapperons à la porte, si le frère portier nous dit : « Vous « êtes deux fainéants, deux vagabonds qui courez le monde et en-« levez les aumônes aux véritables pauvres, » et qu'il nous laisse à la porte pendant la nuit, à la neige et au froid; si nous souffrons ce traitement avec patience, sans trouble et sans murmure, bénissant Dieu qui nous traite selon nos mérites, frère Léon, crois que c'est là une joie parfaite ! Et si, contraints par la nuit, le froid et la faim, de faire instance pour entrer dans le couvent, nous sommes repoussés par des injures et des coups, jetés dans la neige, couverts de plaies, et que nous supportions toutes ces choses en paix, dans la pensée que nous devons participer aux souffrances de notre béni Seigneur Jésus-Christ; ô Léon, chère brebis de Dieu, crois bien que c'est là la joie parfaite. Car entre tous les dons du Saint-Esprit, que Jésus-Christ a accordés et accordera à ses serviteurs, le plus considérable est de se vaincre soi-même et de souffrir pour l'amour de Dieu. »

Dans l'avant-dernier chapitre des *Fioretti*, le bon chevalier Landolfo somme le Démon, qui possédait une femme de Castello, de lui dire, en vérité, ce qui en était de la sainteté de saint François qu'il disait mort, et de celle de sainte Claire qui était encore en vie. — « Que je le veuille ou non, répondit l'esprit infernal, il faut bien que je dise la vérité. Les péchés du monde avaient tellement excité la colère du Très-Haut, qu'il semblait que bientôt il allait prononcer contre tous les hommes la sentence définitive, et les exterminer, s'ils ne se hâtaient de faire pénitence. Mais le Christ, intercédant pour les pécheurs, promit à son Père de renouveler sa Vie et sa Passion dans un homme, qui fut François le pauvre et le mendiant; lequel, par sa doctrine et ses exemples, ramènerait une multitude d'âmes par les voies de la pénitence et de la vérité. Et puis, pour montrer au monde ce qu'il avait produit en saint François, le Christ voulut que les Stigmates de sa Passion, dont il l'avait honoré pendant sa vie, pussent être vus et touchés, à sa mort, par un grand nombre de personnes. De son côté, la Mère du Christ promit aussi de renouveler sa pureté virginale et son humilité dans une femme, qui fut sœur Claire, cette vierge dont les exemples devaient arracher encore tant de milliers de femmes de nos mains. C'est ainsi que la colère de Dieu le Père s'apaisa, et qu'il ajourna la sentence définitive qu'il était prêt à porter. »

Durant cette veille séraphique, j'entends sonner les heures au campanile de notre cher voisin le monastère de Sainte-Claire, et j'aime à répéter chaque fois :

> Ave, mater humilis,
> Ancilla Crucifixi,

> Clara, virgo nobilis,
> Discipula Francisci,
> Ad cœlestem gloriam
> Fac nos proficisci. Amen.

«Salut mère d'humilité, servante du Crucifié, Claire, noble vierge, disciple de François, à la céleste gloire fais-nous parvenir. Ainsi soit-il. »

A trois heures du matin, je me lève en même temps que les Pauvres-Dames. Une demi-heure après, tout mon monde est debout pour partir. On absorbe à la hâte un affreux café, on paye très-cher le seigneur Sérafino qui n'a vraiment de séraphique que le nom. Les *vetturini* sont en retard, et pourtant le chemin de fer de Rome sera inexorable. Nous prenons la monture de saint François, c'est-à-dire nos jambes, et partons par la nuit noire, à travers les rues escarpées d'Assise.

La cité séraphique n'a pas de gaz, pas même de réverbères, encore moins de balayeurs! Hélas! trois fois hélas! c'est bien triste en effet, monsieur Coquelet, mais rappelez-vous que la vraie lumière, c'est l'Évangile et non le gaz, le vrai signe de la civilisation c'est la croix et non le balai!

Nous nous heurtons dans les ténèbres contre deux personnages fantastiques qui nous font peur un instant; c'est un géant drapé dans son manteau, et escorté d'un petit diable boiteux. Mais à leur voix nous les reconnaissons. C'est notre vieux guide Gaetano et le petit orphelin *Zoppo*, qui ne veulent pas nous laisser partir sans nous faire les adieux les plus intéressants et les plus intéressés. Ils nous aident à retrouver nos voitures à la porte de la ville, où nous saluons encore dans l'ombre la bénédiction de saint François gravée sur son portail. Les historiens racontent qu'en bénissant sa patrie, le saint versa des larmes en prévision des malheurs et maux temporels qu'elle aurait à souffrir. Sa pensée alla-t-elle jusqu'à notre époque? Assise, jadis le paradis de saint François, est devenu le purgatoire de ses enfants depuis que les Frères-Mineurs y sont si injustement persécutés.

En descendant trop rapidement les pentes abruptes de la montagne, nos *vetturini* faillirent nous verser dans un précipice; mais nous étions sous la protection des deux patriarches d'Assise, et à cette heure même l'aimable sœur Claire-Louise offrait pour nous au Ciel la seule chose dont elle pouvait disposer, mais c'était la plus grande chose de ce monde, comme elle le disait si bien; elle nous

donnait sa communion de ce jour. Voilà comment ces religieuses
inutiles peuvent être bonnes à quelque chose.

L'aube rougissante chassa peu à peu les ombres et nous permit
de faire des adieux plus clairvoyants à la vieille cité franciscaine ;
quand nous arrivâmes à la station, le soleil faisait étinceler dans la
plaine le dôme de Sainte-Marie-des-Anges.

Nous croyions voir dans cette plaine les cinq mille Frères-Mineurs
accourus au second chapitre général convoqué par saint François,
onze ans seulement après la fondation de son ordre. En raison de
leur multitude, les frères étaient campés autour de la Portioncule,
sur les rives du Chiascio, dans des cellules faites de nattes de paille
et de jonc, ce qui fit appeler cette assemblée le *Chapitre des Nattes*.
Saint Antoine de Padoue y assistait. Les cinq mille religieux,
disent les historiens, se distinguaient par la pratique des deux
vertus favorites de leur fondateur : l'obéissance et la pauvreté.
Saint François, en qui la douceur n'excluait pas la fermeté, exi-
geait l'obéissance comme la vertu la plus indispensable à un religieux. Un frère Mineur s'étant montré rebelle, François ordonna
qu'on le dépouillât de ses vêtements, et le fit descendre dans une
fosse pour être enterré. Les autres frères jetèrent de la terre sur
le coupable, jusqu'à ce que sa tête seulement en fût préservée.
Alors, s'avançant vers la fosse, François demanda au frère : « Es-tu
mort ? » — Ce à quoi le frère, plein de repentir d'avoir désobéi, répondit : « Oui, mon Père, je suis déjà mort. — Eh bien, lève-toi
donc si tu es véritablement mort, et ne résiste jamais aux ordres
de tes supérieurs, parce qu'un cadavre ne résiste à qui que ce soit.
Je veux que mes disciples soient morts, et non vivants (1). »

C'est d'ici, de cette petite chapelle de la Portioncule, où saint
François s'agenouillait d'autant plus volontiers qu'il aimait à
prier dans les églises pauvres et abandonnées (2), c'est d'ici que
sont partis tous ces missionnaires franciscains qui ont porté l'E-
vangile et la civilisation en Europe, en Tartarie, en Turquie, en
Chine, dans les Indes, au Congo, en Guinée, et dans les deux Amé-
riques (3). Il y a quatre ans, la Propagande de Rome ne savait

---

(1) *Opuscula colloquium* 40. On voit que saint François se servait de la comparaison du *cadavre*, *perinde ac cadaver*, plus de trois cents ans avant saint Ignace
de Loyola, auquel on l'a tant reproché. Le vœu d'obéissance absolue est commun
à tous les ordres religieux ; il faut être d'une parfaite ignorance ou d'une extrême
mauvaise foi pour prétendre que ce vœu est particulier à la compagnie de Jésus.

(2) Comme il le dit lui-même dans son testament.

(3) Voir les *Missions franciscaines* du père Marcellino da Civezza, qui en est déjà
à son huitième volume.

plus comment continuer la terrible mission du Fleuve Blanc dans l'Afrique centrale, dont le climat meurtrier avait dévoré en douze ans vingt-quatre prêtres sur trente-deux. Les Franciscains ont accepté cette homicide entreprise. Ce sont eux aussi qui ont conservé jusqu'à nos jours la garde du Saint-Sépulcre. Les Turcs et les Arabes respectent ces religieux, qui sont chassés par les Italiens leurs compatriotes. On dit que les protestants anglais ont demandé grâce pour les Bénédictins du Mont-Cassin; ce foyer de la civilisation chrétienne en Italie, et les catholiques du monde entier n'ont pu obtenir la même faveur pour les Franciscains d'Assise.

En attendant le wagon qui devait nous emporter à Rome, nous eûmes le temps de faire encore nos adieux au pays de saint François.

Adieu donc, ou plutôt au revoir, Assise, cité séraphique, paradis de l'Apennin, éden du moyen âge que notre siècle va détruire. Dieu, qui ne fait rien au hasard, avait dans la création dessiné à l'avance la colline du Paradis pour garder le corps de son serviteur François; et comme rien ne peut se perdre des ouvrages du Créateur, nous retrouverons sans doute un reflet de sa patrie ombrienne comme une auréole autour du saint, si nous avons le bonheur de le voir dans le Paradis du Ciel (1).

Mais voici la locomotive qui apparaît pour nous enlever. Saint François aurait-il conseillé à ses enfants de monter sur ce cheval infernal qui vomit flamme et fumée ? Pie IX l'a permis aux Franciscains modernes, pourvu que, en vrais Frères-Mineurs, ils se missent toujours à la dernière place.

Quel que soit notre regret de quitter Assise, nous nous réjouissons de revoir Rome, la seule ville du monde où tout soit encore à sa place, Rome, le dernier asile de la justice et de la liberté, Rome où nous allons retrouver saint François et ses enfants, non plus proscrits, non plus persécutés, mais vénérés et honorés comme ils méritent de l'être. Le patriarche de l'Ombrie a été le plus humble des saints, aussi est-il un des plus exaltés ; dans la ville de saint Pierre, le sang de ses stigmates a une église pour les conserver et

____

(1) Le père Besson, ce religieux dominicain qui a laissé de si pieuses peintures à Saint-Sixte à Rome, et qui est mort si jeune à Mossoul, écrivait d'Assise à son ami Cabat, le célèbre peintre paysagiste : « Je remercie bien le bon Dieu de m'avoir fait venir à Assise, car il y a des moments où il me semble que je l'aime plus qu'auparavant. »

une archiconfrérie pour les vénérer; son couvent de San-Francesco à Ripa, un des plus précieux reliquaires de Rome, nous montre sa chambre, son portrait, la pierre qui lui servait d'oreiller, et dans le jardin un oranger planté de sa main, dont nous avons emporté des feuilles et des fruits.

Enfin le mendiant d'Assise règne au Capitole, et son église d'Ara-Cœli, chef-lieu des Frères-Mineurs, s'élève triomphalement sur les débris obscurs du temple de Jupiter Capitolin.

www.ingramcontent.com/pod-product-compliance
Lightning Source LLC
Chambersburg PA
CBHW071342030726
47594CB00002B/724